网民情感状态的
演变与预测研究

史 伟 薛广聪◎著

中国财经出版传媒集团

经济科学出版社
Economic Science Press

·北京·

图书在版编目（CIP）数据

网民情感状态的演变与预测研究/史伟，薛广聪著
. --北京：经济科学出版社，2024.3
ISBN 978 - 7 - 5218 - 5639 - 2

Ⅰ.①网…　Ⅱ.①史…②薛…　Ⅲ.①情感 – 语义学
– 研究　Ⅳ.①H030

中国国家版本馆 CIP 数据核字（2024）第 052154 号

责任编辑：梁含依　胡成洁
责任校对：刘　娅
责任印制：范　艳

网民情感状态的演变与预测研究
WANGMIN QINGGAN ZHUANGTAI DE YANBIAN YU YUCE YANJIU
史　伟　薛广聪　著

经济科学出版社出版、发行　新华书店经销
社址：北京市海淀区阜成路甲 28 号　邮编：100142
经管中心电话：010 - 88191335　发行部电话：010 - 88191522
网址：www. esp. com. cn
电子邮箱：espcxy@ 126. com
天猫网店：经济科学出版社旗舰店
网址：http://jjkxcbs. tmall. com
北京季蜂印刷有限公司印装
710 ×1000　16 开　12.75 印张　230000 字
2024 年 3 月第 1 版　2024 年 3 月第 1 次印刷
ISBN 978 - 7 - 5218 - 5639 - 2　定价：57.00 元
（图书出现印装问题，本社负责调换。电话：010 - 88191545）
（版权所有　侵权必究　打击盗版　举报热线：010 - 88191661
QQ：2242791300　营销中心电话：010 - 88191537
电子邮箱：dbts@ esp. com. cn）

　　本书为国家社会科学基金一般项目"重大突发事件中网民情感状态演变规律及引导研究"（项目编号：20BXW013）研究成果；本书受"浙江省省属高校基本科研业务费专项资金"（项目编号：2023K002）资助。

前　　言

　　近年来，随着重大突发事件的频发，以微博、微信、豆瓣、知乎等为代表的社交媒体越来越成为重大突发事件中各种舆情信息的核心载体。社交媒体中信息的本质是短文本的集合，人们通过短文本进行喜怒哀乐等各种情感表达，并经过宣泄、感染、传递、汇集和演化成为众多网民具有的共同情感特征。同时基于个人情感对某一突发公共事件进行评论、转发、点赞和共享等的信息传播行为对网络舆情的演化产生了重要影响。比如2020年1月开始发酵的新冠肺炎疫情引起了数百万条的微博讨论和上千万的微信转发，各省相继启动重大公共突发卫生事件一级响应，广大网民发表自己的观点，表达对于此次疫情事件的关注。微博情绪地图显示，"恐惧"情绪是网民的主要情感，成为重要的舆情。社交化短文本中蕴含着极其丰富的网民情感信息，网民情感分析和情感演变规律的研究对重大突发事件中网络舆情的引导和控制具有巨大的应用价值和实际意义。

　　"情感计算"最早由麻省理工学院（MIT）的皮卡德（Picard）教授1997年在其专著《情感计算》（*Affective Computing*）中提出。情感计算是关于情感、情感产生以及影响情感方面的计算。情感分析（sentiment analysis）又称倾向性分析，是情感计算的重要分支，它是对带有情感色彩的主观性文本进行分析、处理、归纳和推理的过程。机器学习、深度学习和数据挖掘技术的广泛应用为深层次的网民情感研究提供了方法支持，同时文本、图片和短视频等载体也为多维度的网民情感研究提供了丰富的数据支撑，使得利用情感分析技术分析网络舆情情感信息成为可能。引入情感分析技术研究网络舆情中网民情感的演变规律和舆情事件的传播特征，有助于相关企业和部门及时掌握舆情的情感倾向和发展趋势，快速处理网络舆情，及时把控舆情导向，根据预测结果提前采取科学有效的决策和措施。

笔者长期从事情感分析、文本挖掘和网络舆情研究工作。近年来主要的研究成果围绕本体结构的描述、情感本体的构建、在线评论的语义分析、在线评论的情感分析、情感分析的应用、网络舆情的情感分析逐步展开。本书针对重大突发事件中社交化短文本的特点，提炼出"利用语义分析、机器学习和深度学习等情感分析技术，挖掘短文本结构化数据，强化短文本的语义理解力，提升情感计算水平，进而探索网络舆情中网民情感的相关性、转移概率及其演变规律等动态变化情况，并提出引导和应对策略"这一科学问题，设计"网民情感状态的演变与预测研究"这个题目。

本书开展了突发事件中网民情感状态的演变分析和预测，是对我们前期研究工作的展开和深入。重点构建了基于知网的情感本体，设计了面向公共卫生领域的情感词典扩充算法，引入标签传播算法对候选情感词进行情感标注，从而实现领域情感词典的扩展；介绍了基于情感圈的文本情感语义分析、基于增强监督学习的文本情感语义分析，以及文本讽刺表达识别研究；构建了情感-主题随时间的演变模型；建立了情感分类模型的架构，该模型利用标签特征强化文本情感与标签之间的联系，将其融合在文本卷积神经网络分类（TextCNN）模型中，用于对文本情感进行深层次的表示和多元化的分类；结合情感分析模型和时间序列对网络舆情热点事件的情感倾向性进行分析；通过结合关联规则算法和马尔可夫模型（Markov Model）提出了情感预测模型；结合网络舆情情感分析需求对网民情感分析可视化系统进行设计和开发等一系列工作。

　　本书在完成过程中要特别感谢美国加州州立大学圣伯纳迪诺分校的何绍义教授和同济大学王洪伟教授的帮助和指导，感谢合作者薛广聪对于本书的贡献，感谢研究生马雪纯、王晓飞、张婧等在数据整理中所做的工作，感谢我的家人在日常生活中给予的巨大支持，感谢我现在的工作单位浙江海洋大学和原来的工作单位湖州师范学院，也要感谢经济科学出版社对本书出版的帮助。

　　本书在理论上丰富了社交化短文本情感分析的研究体系，在实践上对网民情感转移和演变规律分析及应用具有重要价值，建立的网民情感演变和迁移预测模型有助于掌握和了解突发事件中网络舆情中网民情感的分类、演变和发展趋势，可作为相关部门加强网络舆情监测监管和科学引导的参考工具。

史　伟

浙江海洋大学
2024 年 2 月

目　录

第一章　概　　述

第一节　研究背景及意义

互联网的诞生将原本孤立的世界连接在一起，使未曾谋面的陌生人跨越地理的鸿沟和时间的维度得以沟通交流。根据中国互联网络信息中心（CNNIC）发布的第51次《中国互联网络发展状况统计报告》，截至2022年12月，我国网民总数为10.67亿人，手机网民总数为10.65亿人，网民规模持续稳定增长，互联网普及率达75.6%。其中，使用台式电脑、笔记本电脑和平板电脑上网的网民比例分别为33.3%、32.6%和27.6%，网络接入环境更加多元。互联网应用也在持续发展，搜索引擎和网络新闻用户规模分别为8.21亿人和7.88亿人，较2021年12月增长1698万人和1290万人，网民使用率分别达到78.2%和75.0%。

随着移动互联网的发展和智能设备的普及，网民也逐渐从信息的接收者转变为信息的生产者，这种信息获取和传递机制的改变，不仅使公众可以及时了解国内外发生的突发事件，也使传统的社会舆论从线下转移到线上并演变为网络舆情。一般来说，网络舆情是指在一定的社会空间内，网民们通过互联网表达对于某个社会突发事件的看法、观点和情感的集合，是社会舆论在互联网上的映射与直接反映，并且表现出较强的自由性、多元性和交互性。网络舆情的发生往往是公众因对舆情态势的未知而产生恐慌心理导致的，安全感缺失更加重了公众的焦虑情绪，网民可以通过社交平台表达自身的情感，但由于网络中充斥着大量的负面情绪推动舆情不断发酵，也加剧了网络舆情事件的监管难度。从风险的社会放大理论看，如果网络舆情事件处理不当，容易诱发网民的不良情绪，导致涟漪效应，从而引发舆情危机。如何正确处理网络舆情不仅是学术界重点关注的范畴，也是社会各界需要共同面对的问题。

近年来，接连不断的突发公共事件在社交媒体上引发热议，网络舆情更是贯穿于突发事件的爆发、演化和消亡阶段，成为公共事务管理的一把双刃剑：处理及时可以使危机事件得到妥善解决，反之则会进一步诱发公众的恐慌心理，影响社会稳定和经济发展。网络环境是一个具有客观性、复杂性、多变性的社会网络系统，公众可以在网络上快速、自由地发布信息，进行社交互动、表达观点和情感，不同用户、不同信息之间的非线性互动也推动了网络舆情的发酵。机器学习、深度学习和数据挖掘技术的广泛应用为深层次的网络舆情研究提供了方法支持，同时文本、图片和短视频等载体也为多维度的网络舆情研究提供了丰富的数据支撑，使得利用情感分析技术分析网络舆情信息成为可能。通过引入情感分析技术研究网络舆情的情感演变规律和舆情事件的传播特征，有助于相关企业和部门及时掌握舆情的情感倾向和发展趋势，快速处理网络舆情，及时把控舆情导向，根据预测结果提前采取科学有效的措施。

随着重大公共事件的频发，以微博、微信、豆瓣、知乎等为代表的社交媒体越来越成为重大突发事件中各种舆情信息的核心载体。社交媒体中信息的本质是短文本的集合，人们通过短文本进行喜怒哀乐等各种情感表达，并经过宣泄、感染、传递、汇集和演化成为众多网民具有的共同情感特征。同时基于个人情感对某一突发公共事件进行评论、转发、点赞和共享等的信息传播行为对网络舆情的演化产生重要影响。比如 2020 年 1 月开始发酵的新冠肺炎疫情引起了数百万条的微博讨论和上千万的微信转发，各省相继启动重大公共突发卫生事件一级响应，广大网民发表自己的观点，表达对于此次疫情事件的关注。微博情绪地图显示，"恐惧"情绪是网民的主要情感，成为重要的舆情。社交化短文本中蕴含着极其丰富的网民情感信息，网民情感分析和情感演变规律的研究对重大突发事件中网络舆情的引导和控制具有巨大的应用价值和实际意义。

基于上述背景，本书针对重大突发事件中社交化短文本的特点，提炼出"利用深度学习和情感分析技术，挖掘短文本结构化数据，强化短文本的语义理解力，提升情感计算水平，进而探索网民情感状态的相关性、转移概率及其演变规律等动态变化情况，并提出引导和应对策略"这一科学问题，设计"网民情感状态的演变与预测研究"这个题目。

第二节　相关理论知识

一、文本表示技术

文本表示是自然语言处理的起始环节，为了使计算机能有效地处理文本信息，将字词以向量或矩阵的形式表示，按照细粒度划分可分为字级别、词级别和句子级别的文本表示。文本表示形式丰富多样，可分为传统文本表示技术如独热编码（One-Hot）、词频－逆向文件频率（TF-IDF）、词袋模型；基于词向量的静态表征方法如 Word2vec 模型等；基于词向量的动态表征方法如 ELMO、GPT、BERT、ALBert 等。

（一）传统文本表示技术

传统方法中最常用的文本表示方法是独热编码。其文本表示方法是使用 N 位状态寄存器来对 N 个状态进行编码，每个状态都有它独立的寄存器位，并且在任意时候，其中只有一位有效。该方法本质上是用一个只含一个 1、其他都是 0 的向量来唯一表示词语。例如：

"希望每个人都平安无事"

"希望不再有人受伤"

首先将上述两个语句中出现的字、词加入语料库，经过分词后得到"希望""每""个""人""都""平安""无事""不再""有""受伤"。其中"希望"和"人"出现两次，但是在语料库中仅需表示一次。按照独热编码方法将这些字词进行向量表示，向量的维度为语料库的大小，每个字词可以表示为：

"希望" $\rightarrow$ [1, 0, 0, 0, 0, 0, 0, 0, 0, 0]；

"每" $\rightarrow$ [0, 1, 0, 0, 0, 0, 0, 0, 0, 0]；

"个" $\rightarrow$ [0, 0, 1, 0, 0, 0, 0, 0, 0, 0]；

……

独热编码方式较为简单，优点是解决了分类器不好处理离散数据的问题，缺点是容易受维度灾难的困扰。当语料库规模较大时，需要对所有的字词进行编码索引，从而占用大量向量空间。在字词相关性表示上，独热编码表示的字词之间存在词汇鸿沟，不能很好地刻画词与词之间的相似性，并且没有考虑词与词之间的顺序，得到的特征向量是稀疏的。但是在实际应用中，文本中词与词的顺序信息和相关性是十分重要的。

此外还有一种文本表示方法也被经常用到，即词频－逆文本频率（TF-IDF），它由两部分组成：TF 为词频，即文本中各词的出现频率；IDF 为逆文本频率，简单来说就是词语出现在所有文档中的一种数据集合。相关计算方法如下所示。

$$TF = \frac{该词在文本中出现的次数}{该文本的总词数} \tag{1-1}$$

$$IDF = \log\left(\frac{语料库中文本总数}{包含该词的文本数量+1}\right) \tag{1-2}$$

$$TF\text{-}IDF = TF \times IDF \tag{1-3}$$

式（1-2）中，分母加 1 的作用是防止包含该词的文本数量为 0 的情况。TF-IDF 通常用来评估字词对于文本集合中某一文本的重要程度，该词语出现的次数越多，分母就越大，相应逆文本频率的值就越小，说明这个词语在所有文本中的重要程度就越小。TF-IDF 的思想比较简单，但是该方法还是存在着数据稀疏的问题，也没有考虑字词的前后信息。

（二）基于词向量的静态表征

Word2vec 模型是一种轻量级的神经网络模型，模型结构仅包含输入层、隐藏层和输出层，它是从大量文本语料中以无监督方式学习语义知识的模型，即获得词向量表示，已经被广泛地应用在自然语言处理等任务中。为了更好地对文本数据进行表征，将一个高维空间向量映射到一个低维词向量中，Word2vec 模型通过训练将每个词映射成 X 维实数向量，通过词与词之间的余弦相似度来判断语义相似度。

根据输入输出的不同，Word2vec 包括两种模型：连续词袋模型（Continuous Bag of Words，CBOW）和连续跳字模型（Skip-gram，SG）。CBOW 的目标是根据上下文来预测当前词语的概率，而 Skip-gram 恰恰相反，是根据当前词语来预测上下文的概率。每个单词都被初始化为一个随机 X 维向量，通过不断训练后得到每个单词的最优向量。

CBOW 和 Skip-gram 模型结构与潜在语义分析（Latent Semantic Index，LSI）、潜在狄利克雷分配（Latent Dirichlet Allocation，LDA）的经典过程相比，Word2vec 模型利用了词语的上下文关系，语义信息更加丰富。

（三）基于词向量的动态表征

在实际应用中，Word2vec 模型的效果并不是特别好，经过 Word2vec 词向量模型训练完词语之后，词的表示就固定了，但是很多词语在不同语境中的含义有所不同，所以词嵌入模型无法区分多义词的不同语义。

1. ELMO

ELMO 是 "Embedding from Language Models" 的简称，它的基本思想是事先用语言模型学习一个单词的词向量，然后在实际使用的时候，该单词已经具备了特定的上下文，此时可以根据上下文单词的语义去调整单词的词向量表示，这样经过调整后的词向量更能表达在这个上下文中的具体含义，自然也就解决了多义词的问题。所以 ELMO 本身是根据当前上下文对词向量动态调整的过程，其模型结构如图 1 – 1 所示。

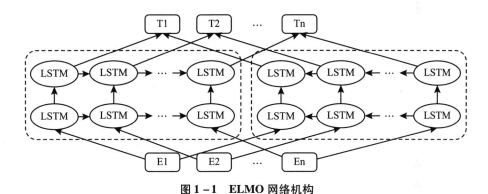

图 1 – 1 ELMO 网络机构

资料来源：Mikolov T，Chen K，Corrado G et al. Efficient estimation of word representations in vector space［J］. International Conference on Learning Representations，2013（1）.

ELMO 采用了典型的两阶段过程。

第一阶段，利用语言模型进行预训练，该阶段会选取某个具体的特征抽取器来学习预训练模型，如图 1 – 1 中左端的前向双层 LSTM（长短时记忆，Long Short-Term Memory）代表正方向编码器，输入的是从左到右除了预测单词外的上文内容，右端的逆向双层 LSTM 代表反方向编码器，输入的是从右到左的逆序的下文内容，每个编码器的深度都是两层 LSTM 叠加。

第二阶段，从预训练网络中提取对应单词的各层网络的 Word Embedding 作为新特征，将其补充到下游任务中。

使用 ELMO 网络结构在大量语料上预训练语言模型后，再输入一个新句子，句子中每个单词都能得到对应的三个 Embedding：第一个 Embedding 是单词的 Word Embedding；第二个 Embedding 是双层双向 LSTM 中第一层 LSTM 对应单词位置的 Embedding，这层编码单词的句法信息更多一些；第三个 Embedding 是双层双向 LSTM 中第二层 LSTM 对应单词位置的 Embedding，这层编码单词的语义信息更多一些。

2. GPT

GPT 是"Generative Pre-Training"的简称，它也采用两阶段过程：第一阶段利用语言模型进行预训练，第二阶段通过 Fine-tuning 的模式解决下游任务。不同于 ELMO 网络结构，GPT 把特征抽取器从 LSTM 换成更强的 Transformer，并且 GPT 的预训练仍然是以语言模型作为目标任务，但采用的是单向语言模型。

3. BERT

BERT（Bidirectional Encoder Representations form Transformers）是一个预训练的语言表征模型，该模型采用多层双向的 Transformer 编码器拼接而成，旨在通过左右上下文中共有的条件计算来预先训练来自无标号文本的深度双向表示。使用时只需根据下游任务进行输出层的修改和模型微调，即可达到显著的效果。模型架构如图 1-2 所示。

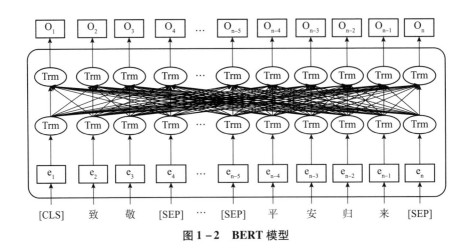

图 1-2 BERT 模型

BERT 模型采用和 GPT 完全相同的两阶段模型，首先是语言模型预训练，其次是使用 Fine-Tuning 模式解决下游任务。BERT 模型和 ELMO、GPT

存在千丝万缕的关系，如果把 GPT 预训练阶段换成双向语言模型，那么就得到了 BERT；如果把 ELMO 的特征抽取器换成 Transformer，那么会得到 BERT 模型。与 ELMO、GPT 等其他预训练模型相比，BERT 是一种双向的模型，通过结合文本上下文来训练，具有更好的性能。

BERT 模型的输入：首先在每个语句之前和语句之后分别添加［CLS］和［SEP］标志，然后使用内置函数 Tokenization（）对输入文本进行分词，经过分词后，每个字词都有三个向量信息，分别是词嵌入向量（Word Embeddings）、语句向量（Segmentation Embeddings）和位置编码向量（Position Embeddings），将三个向量信息相加即可得到 BERT 的输入。

BERT 模型的预训练：该过程通过上下文信息不断调整模型参数，使得模型输出的文本表示向量能够真实表示文本的信息。预训练阶段包括两个任务：一个是 Masked Language Model（MLM）和下句预测（Next Sentence Prediction，NSP）。MLM 模型会随机选择语料中15% 的单词，然后其中的 80%会用［Mask］掩码代替原始单词，其中的 10% 会被随机换为另一个单词，剩下 10% 保持原单词不变，然后训练模型能够正确预测被选中的单词。模型为了预测正确，就需要保持每个输入 token 的分布式上下文表示，实现了对上下文进行特征提取。NSP 是判断一句话是否为另一句话的下文，将结果保存到［CLS］标志中。

BERT 模型利用自监督的学习方法在大规模无标注语料上进行预训练，使用 Transformer Encoder 结构，通过 Attention 机制将任意位置的两个单词的距离转换成向量表示，有效解决自然语言处理中长期依赖的问题，同时获取文本中丰富的语义信息。它是一种端到端（end-to-end）的模型，不用重新调整网络结构，只需要在最后加上特定于下游任务的输出层。

4. ALBert

虽然在自然语言处理任务中 BERT 模型效果显著，但是由于每批次训练数据中只有15% 的 token 被预测，所以 BERT 模型收敛较慢，需要强大的算力支撑。2020 年 Google 在 BERT 的基础上提出了 ALBert 模型，ALBert 模型参数量仅为 Bert 模型的 1/18，但是训练速度却为 Bert 模型的 1.7 倍，在显著减少参数量的同时仍保持了较高的模型效果。ALBert 模型改进的内容如下。

分解词嵌入参数。BERT 模型中词嵌入大小 E 和隐藏层大小 H 是相等的，即 E = H，由于词嵌入只是保存了相对少量的词语信息，更多的语义和句法等信息是由隐藏层保存的，因此词嵌入的维度可以不必与隐藏层一致，ALBert 模型通过分解词嵌入向量来降低 E 的大小：将词嵌入向量 E 分解为两个维度较小的矩阵，先将它们映射到一个较低维的词向量空间 N，然后再映射到大小为 H 的隐藏层，通过这种分解，词向量参数从 E×H 转变为（E+H）×N，当隐藏层向量 H 远大于词向量空间 N 时，参数量会大幅减少。

共享交叉层参数。在 BERT 模型中，BERT_base 中包含 12 层中间的隐藏层，BERT_large 中包含 24 层中间的隐藏层，各层之间的参数均不共享，并且当层数增加时模型参数会快速增长。在 ALBert 模型中，参数共享可以显著减少参数数量，参数共享可以分为全连接层和注意力层的参数共享，让多层的注意力结构变成一层层注意力的叠加，使得 ALBert 模型依然有多层的深度连接，但是各层之间的参数是一样的。通过这种方式，隐藏层的参数量大幅减少。

变化训练任务。在 BERT 中使用的是下句预测，通过向模型输入两个句子，预测第二个句子是不是第一个句子的下一句。在 ALBert 中使用的是语序预测（Sentence-order Prediction，SOP），即句子间顺序预测，通过给模型两个句子，让模型去预测两个句子的前后顺序，SOP 任务能让模型学习到更多的语句间的语义信息。

总体来说，ALBert 模型利用词嵌入参数因式分解和隐藏层间参数共享两种手段，不会对模型的性能造成损失，通过引进 SOP 训练任务，模型的准确度也有一定的提升。因此，本书使用 ALBert 预训练模型来获得文本向量表征。

二、情感分析模型

情感分析研究人们针对某一事件或主题的主观意见和情感，情感分析的过程是对带有情感色彩的主观性文本进行分析研究。情感分类是情感分析的基础和依据，情感预测是情感分析的延伸和扩展。通常情感分析技术分三种类型：基于情感词典、基于机器学习和基于深度学习。基于情感词典的情感分析是通过匹配情感词和句法分析来发现文本中所包含的规律性情感信息；基于机器学习的情感分析是通过不同的机器学习算法构造分类器，然后利用数据集进行训练从而构造分类模型，情感分析实质上可以看成情感分类研究，机器学习算法有很多，如朴素贝叶斯（Naive Bayes）、线性回归、随机森林、支持向量机等，下面将介绍一种机器学习的代表算法之一：朴素贝叶斯。基于深度学习的情感分析方法是使用神经网络来进行的，典型的神经网络学习方法有：卷积神经网络（Convolutional Neural Network，CNN）、循环神经网络（Recurrent Neural Network，RNN）、长短时记忆（Long Short-Term Memory，LSTM）网络等，通过对基于深度学习的情感分析方法进行细分，可以分为单一神经网络的情感分析方法、混合（组合、融合）神经网络的情感分析方法、引入注意力机制的情感分析和使用预训练模型的情感分析。下面将重点介绍一种基于深度学习的文本情感分类方法：文本卷积神经网络分类（TextCNN）模型。

（一）情感词典

传统的基于情感词典的情感分类方法是对人的记忆和判断思维的简单模拟，通过学习一些基本词语，如消极词语"讨厌""焦虑"等，积极词语"喜欢""高兴"等，从而在大脑中形成一个基本的语料库，然后将输入语句进行拆分，查看在词汇表中是否存在相应的词语，根据词语的类别来判断情感。

基于情感词典的分类方法主要处理过程如图 1-3 所示，主要包括数据预处理、中文分词、训练情感词典和判断情感倾向等操作。由于借助网络爬虫等工具采集到的原始语料通常带有大量无效信息，如转发、回复、图片等，所以首先需要对语料进行数据预处理。为了判断语句中是否存在情感词典中包含的词语，需要对语料进行文本分词，常用的分词工具有 jieba 中文分词、NLPIR、THULAC、百度 NLP 等。一般来说，词典是情感分类最核心的部分，常用的中文情感词典有知网 HowNet 情感词典、大连理工情感词汇本体库和清华大学中文褒贬义词典等。不同行业内某些词语的词义可能会有较大差别，所以还需要构建特定领域的情感词典，以提高情感分类准确率。

事实上，真正的情感判断并不只是依据一些简单的规则，而是一个复杂的网络结构。在判断语句情感时，不仅会考虑这个句子的情感，还会判断这个句子的类型，如祈使句、疑问句或陈述句。在考虑句子中词语的情感时，不仅关注积极词语、消极词语、否定词或者程度副词，还会关注每一个词语的词性，如主语、谓语、宾语等，从而形成对整个语句的认识，甚至会联系上下文对语句情感进行判断。在网络信息时代，网络新词如雨后春笋般出现，包括"新构造网络词语"以及"将已有词语赋予新的含义"。然而，已有的情感词典中不可能包含全部情感词语。因此，自动扩充情感词典是保证情感分类模型时效性的必要条件。扩充情感词典的目的是基于现有的初步模型进行无监督学习，完成词典扩充，从而增强模型自身的性能，然后再以同样的方式进行迭代，这是一个正反馈的调节过程。

综上所述，基于情感词典的情感分类是容易实现的，其核心在于情感词典的训练，但是中文语言结构是相当复杂的，基于情感词典的情感分类只是一个线性的模型，其性能是有限的。因此可以在文本情感分类中适当地引入非线性特征，能够有效提高模型的准确率。

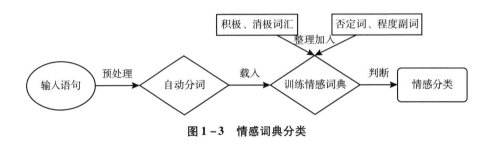

图 1-3　情感词典分类

（二）朴素贝叶斯

朴素贝叶斯分类法是基于贝叶斯定理和特征条件独立假设的分类方法，是基于概率论的一种机器学习分类（监督学习）方法，被广泛应用于情感分类领域。贝叶斯定理是一个计算条件概率的公式，通过已知概率计算未知的概率，例如，记 A 事件发生的概率是 P(A)，B 事件发生的概率是 P(B)，则 P(A∣B) 表示在 B 事件发生的条件下 A 事件发生的概率，其数学表达为：

$$P(A \mid B) = \frac{P(A)P(B \mid A)}{P(B)} \tag{1-4}$$

算法实现的前提是假设数据各维度的特征彼此相互独立，并且权重相同，在此前提下，通过特征间联合概率分布模型来计算后验概率。带有二进制特征的朴素贝叶斯更适合于文本分类任务，特性选择可用于自动删除没有帮助的特性。

（三）TextCNN 模型

TextCNN 模型的核心思想是抓取文本的局部特征：首先将不同长度的短

文本作为矩阵输入，使用多个不同大小的卷积核来提取语句特征信息，然后基于最大池化（max-pooling）操作提取的关键信息，通过全连接层对特征进行组合，最后利用交叉熵损失函数来训练模型。TextCNN 模型主要包含输入层、卷积层、池化层和全连接层四个部分，架构示意图如图 1 – 4 所示。

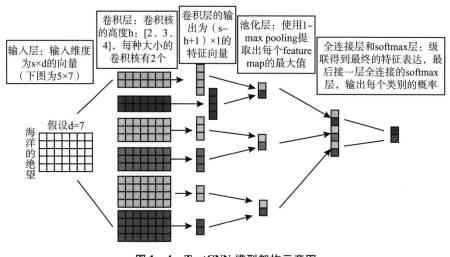

图 1 – 4　TextCNN 模型架构示意图

（1）输入层：TextCNN 模型的输入为词嵌入向量，获得单词嵌入向量的方式可以分为预训练和新训练，前者可以基于其他语料库的单词分布获得更多的先验知识，后者通过当前网络训练可以更好地捕获与当前任务相关的单词分布特征。首先，使用预训练得到的词向量进行输入，数据集里每个词语都可以表征一个向量，因此可以得到一个向量矩阵 M，该矩阵的每一行代表一个词向量，向量矩阵 M 既可以是静态的也可以是固态的，能够根据反向传播不断更新。

（2）卷积层：文本卷积与图像卷积的不同之处在于只针对文本序列的一个方向（垂直）做卷积，卷积核的宽度固定为词向量的维度 d，卷积核的高度一般采用多个数值来获取更丰富的特征表达。通过使用不同大小的卷积核对词向量做卷积操作得到特征图（feature map）。

（3）池化层：不同大小的卷积核得到的特征图也不同，使用池化函数得到维度相同的特征图，再应用最大池化从每个特征图中筛选出一个最大的特征，然后将这些特征拼接起来构成向量，以此作为输出层的输入。

（4）输出层：输出层输入的是拼接后的特征向量，通过全连接层自由组合提取出来的特征实现分类，输出的是类别的概率分布，使用 Dropout 函数防止发生过拟合。在损失函数上，二分类和多标签分类可以采用基于 Sigmoid 函数的交叉熵损失函数，多分类任务可以采用基于 Softmax 的多类别交叉熵损失函数。

第三节　研究目的和内容

一、研究目的和价值

（一）研究目的

（1）创建基于模糊理论和本体概念的领域情感词典，使之具有良好的结构，支持模糊语义的表达，可进行情感词汇的自动扩展，试图使其成为在线评论文本（包括短文本）情感分析的基础。

（2）考虑短文本中各类情感的语义因素，包括特征词、情感类、否定词、程度词、标点、修辞、表情符号等的标注规则和量化处理，从情感本体和语义因素的角度构建短文本情感类型和强度计算模型，试图使其成为短文本情感分析和挖掘的量化处理方法。

（3）基于情感类关系和转移规律的分析，构建的情感演变和迁移预测模型有助于政府部门掌握和了解突发事件中网民情感状态的形成、演变和发展趋势，试图作为相关部门加强网络舆情监测监管和科学引导的参考工具。

（二）研究价值

（1）理论上，丰富了社交化短文本情感分析的研究体系。将情感本体作为社交化短文本情感分析的基础，考虑短文本结构化数据，结合其他各种语义因素的量化处理，构建完整的短文本情感极性和强度计算方法，探索网民的评价态度和情感状态，是对情感分析领域的有益补充。

（2）实践上，对情感转移和演变规律的分析和应用具有重要价值。基于短文本挖掘的情感类关联关系研究、情感转移预测、情感演变规律和趋势分析，有助于政府部门掌握和了解突发事件中网民情感状态的形成、演变和发展趋势，对相关部门加强网络舆情监测监管和科学引导、完成对重大突发事件的有效处置具有重要价值。

二、本书的主要研究工作

（一）研究内容

随着网络舆情研究热度逐渐升高，情感分析技术也大量应用到网络舆情领域。由于网络舆情受舆情主体、舆情客体和内外部环境等多种因素的影响，因此对网络舆情进行情感分析是一个复杂的过程，包括短文本情感分类、社交平台用户情感分析和网络舆情趋势预测。基于此，本书研究框架如图1-5所示。

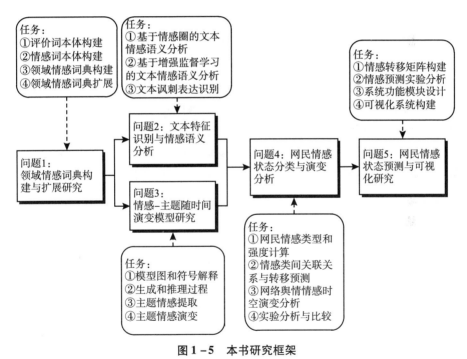

图1-5　本书研究框架

1. 领域情感词典构建与扩展研究

利用模糊理论和知网（HowNet）相关概念，借鉴本体结构及模型，构建情感本体的基本模型。运用模糊化处理和语义相似度的相关理论，分别对评价词模糊本体和情感词模糊本体的情感类型和隶属度进行相应处理，最终获得包括 6862 个评价词和 2090 个情感词的情感本体库。基于模糊情感本体的情感分类，分别利用 Word2vec 词向量模型和依存句法分析计算词语余弦相似度和义原相似度筛选出候选情感词，再引入标签传播算法（Label－Propagation Algorithm，LPA）和 LeaderRank 算法扩充基础情感词典，在模糊情感本体的基础上经过扩充得到面向公共卫生领域的领域情感词典。

2. 文本特征识别与情感语义分析

本书提出了一项创新的情感分析技术，即名为"情感圈"（SentiCircle）的方法，应用于微博等短文本的情感解析。与依赖静态情感词典的传统方法相比，该方法强调上下文语境的重要性，通过分析微博文本中词语的共现模式动态调整情感词汇的情感极性及强度，从而更准确地捕捉其在不同情境下的语义变化。此外，为了克服现有机器学习算法在处理包含连词的句子时对于情感分析的局限性，本书引入了增强监督学习策略，专门设计了针对中文连接词的精细化处理规则，创造性地将表情符号纳入特征矩阵中，并整合情感词典计算情感倾向分数，从而构建一个优化的情感决策模型。同时，在文本讽刺表达识别方面，本书建立了一个基于概率关系模型的无监督框架，它依据文本内部词语间的情感分布特性来辨别讽刺意味的主题。这个模型通过估算主题层面的情感分布，细致评估短文本中出现的情感关联词语，并据此赋予情感相关标签。该方法巧妙地运用逻辑推理手段，能够识别不同类型事件中的讽刺表达，所构建的模型在各类短文本讽刺检测场景中展现出高效性和适用性。

3. 情感－主题随时间演变模型研究

针对情感主题动态性的特点构建一个基于 LDA 的情感主题模型，通过对时间与主题和情感的联合建模来分析情感主题随时间的演变，推导了基于吉布斯（Gibbs）抽样过程的推理算法，最后提出微博突发事件数据集的分析结果，显示联合模型较高的准确性和情感主题随时间演变过程中良好的应用性。

4. 网民情感状态分类与演变分析

构建多标签情感分类模型，结合机器学习与评论文本的特点，在已有研究基础上构建多标签情感分类模型，该模型利用 ALBert 预训练模型获取舆情评论文本的向量表示，基于卷积神经网络强化文本特征和情感标签（Sentiment Label，SL）之间的联系，充分利用情感标签信息实现多元的文本情感分类。应用网络爬虫（Scrapy）框架从新浪微博上采集相关舆情评论文本，基于改进后的 SnowNLP 模型对网络舆情演变过程的网民情感倾向分布展开研究，从词频、时间和空间三个维度基于情感视角分析舆情事件中网民情感状态的演变趋势。

5. 网民情感状态预测与可视化研究

对传统关联规则（Association Rules）算法进行扩展，计算不同情感类之间的偏移度，再结合马尔可夫模型（Markov Model）得到不同时间下的情感转移概率，以此构建情感状态转移矩阵，并验证数据显著性和情感转移矩阵的稳定概率分布。分别从宏观和微观两个层面对网络舆情事件的网民情感转移概率进行分析，探究不同粒度下的情感分类是否会对舆情预测结果造成影响。基于 PostgreSQL 数据库、HTML、CSS、React 框架和 Echarts 插件开发网络舆情可视化交互系统，主要功能包括：基于网络舆情评论数据的热点词云图、基于地理位置的舆情密度分布图、基于空间的网民情感分布图、网民情感倾向图以及网民情感趋势预测图等可视化图表，该系统可以为舆情事件应急防控提供依据。

（二）章节安排

本书一共分十个章节，主要内容如下。

第一章：概述。阐述了本书的研究背景与意义，包括网络舆情的概念、产生途径和实际影响等，简要总结了本书的主要工作以及相应的章节安排，介绍了相关理论知识和情感分析任务中常用的方法和模型，包括文本向量表征、预训练模型、卷积神经网络等。

第二章：文献综述。文本情感分析研究，主要从领域情感词典构建研究、文本关键词提取技术研究、文本情感分析方法研究三个方向进行了综述；情感视角的网络舆情研究，主要从网络舆情情感分类、网络舆情情感演变、网络舆情情感预测、网络舆情治理等方面介绍了国内外相关研究现状；主题建模研究，主要从联合主题情感建模、主题随时间演变、联合主题情感随时间演变等角度进行了分析。

第三章：领域情感词典的构建与自动扩展。首先介绍了基于知网的情感本体构建，运用模糊化处理和语义相似度的相关理论，分别对评价词模糊本体和情感词模糊本体的情感类型和隶属度进行了相应处理，最终获得包括6862 个评价词和2090 个情感词的情感本体库。然后引入公共卫生事件网络舆情语料库的构建方法，包括网络舆情评论数据的采集方法和数据预处理过程中用到的数据去重、文本分词、去除停用词等方法。在此基础上设计了面向公共卫生领域的情感词典扩充算法，考虑到标签之间的相关性，利用Word2vec词嵌入模型和依存句法分析抽取候选情感词，引入标签传播算法对候选情感词进行情感标注，从而实现领域情感词典的扩展。

第四章：文本特征识别与情感语义分析。第一，基于情感圈的文本情感语义分析，提出了一种考虑上下文语义的基于情感本体和情感圈的微博短文本情感分析方法，此方法不同于传统的基于词典的方法——情感词语的情感极性和强度是固定和静态的，情感圈方法采用在微博短文本中考虑不同上下文语境中词语的共现模式，以捕获它们的语义并相应更新情感词汇中预先确定的极性和强度。运用情感圈方法结合已构建的情感本体和语义量化规则，建立了考虑语义环境的微博短文本挖掘方法，并在两个微博短文本数据集中评测了提出的方法。第二，基于增强监督学习的文本情感语义分析，针对目前文本情感分析中应用较广的机器语言在处理含有连接词句子时存在的缺陷，对中文连接词制定了处理规则，将表情符号纳入特征向量，并结合情感词典计算情感决策得分，提出了基于语言规则和情感得分的增强监督学习改进模型，并通过了实例验证，结果表明改进后的模型可显著提高文本分类的有效性。第三，文本讽刺表达识别研究，根据文本中词语的情感分布，建立一个无监督的概率关系模型来识别讽刺主题。文本中讽刺句往往具有混合的情感极性，正确识别讽刺句和非讽刺句对情感分析有至关重要的作用。构建的模型基于主题级分布估计相关情感，评估出现在短文本中的情感相关词，给出情感相关标签。该方法运用一定程度的逻辑推理来识别多种事件的讽刺表达，构建的模型有效，非常适合各种短文本的讽刺检测。

第五章：情感－主题随时间的演变模型。本书针对情感主题动态性的特点构建了一个基于LDA的情感主题模型，通过对时间与主题和情感的联合建模来分析情感主题随时间的演变，推导了基于吉布斯抽样过程的推理算法，最后提出微博突发事件数据集的分析结果，显示联合模型较高的准确性和情感主题随时间演变过程中良好的应用性。

第六章：网民情感状态分类研究。详细介绍了情感分类模型的架构，该模型利用标签特征强化文本情感与标签之间的联系，将其融合在TextCNN模型中，用于对文本情感进行深层次的表示和多元化的分类。此模型使用上文构建的公共卫生事件网络舆情语料库为基础数据，为了验证该模型的有效性，选取三个情感分类模型进行对比，并使用不同数据集进行实验，证明了所构建的多标签情感分类模型具有一定的有效性和泛化性。

第七章：网民情感状态演变分析。结合情感分析模型和时间序列对网络舆情热点事件的情感倾向性进行分析，首先基于网络爬虫框架爬取微博评论信息和用户信息，经过数据预处理后，利用重新训练后的 SnowNLP 模型对评论情感倾向进行分析，最后分别从时间和空间维度探究网络舆情事件的网民情感状态分布，从情感角度分析舆情事件的演变趋势。

第八章：网民情感状态预测研究。通过结合关联规则算法和马尔可夫模型提出情感预测模型，通过计算不同情感类间的转移概率实现情感趋势的预测。重点介绍了该模型的关联规则挖掘算法、转移矩阵的构建过程、多维度下的情感预测结果和实验结果分析等，最后进行总结。

第九章：网民情感状态可视化设计。结合网络舆情情感分析需求对网民情感分析可视化系统进行设计和开发，详细介绍了系统开发环境、可视化功能模块和可视化界面展示，其中可视化功能主要包括舆情关键词、舆情热度走势、舆情密度分布、网民情感空间分布、网民情感倾向以及网民情感趋势预测，并通过多种可视化图表直观地展示了上述功能。

第十章：结论与展望。

第二章 文献综述

引 言

根据中国互联网络信息中心（CNNIC）发布的第51次《中国互联网络发展状况统计报告》，截至2022年12月，我国网民总数为10.67亿人，手机网民总数为10.65亿人，互联网普及率达75.6%。随着移动互联网的发展和智能设备的普及，信息获取和传递机制的改变不仅能使公众及时了解国内外发生的突发事件，也能使传统的社会舆论从线下转移到线上并演变为网络舆情。一般来说，网络舆情是指在一定的社会空间内，网民们通过互联网表达对于某种社会突发事件的看法、观点和情感的集合，是社会舆论在互联网上的映射与直接反映，并且表现出较强的自由性、多元性和交互性，如何正确处置网络舆情不仅是学术界重点关注的内容，也是社会各界共同面对的问题（孔婧媛，2020）。

在大数据的背景下，机器学习、深度学习和数据挖掘技术的广泛应用为深层次的网络舆情研究提供了方法支持，同时评论文本、图片和短视频等载体也为多维度的网络舆情研究提供了样本参考。由于载体所包含的情感信息是推动舆情传播和发酵的重要因素之一，国内外学者逐渐开始从情感角度对网络舆情展开研究。通过引入情感分析技术探究网络舆情的情感演变规律和舆情事件的传播特征，有助于政府部门正确处置网络舆情，及时把控舆情导向，对我国社会的发展和进步具有重要的现实意义。

第一节 文本情感分析研究综述

一、领域情感词典研究

情感分析方法主要包括基于情感词典的方法、基于机器学习的方法以及基于深度学习的方法，其中情感词典一般是由带着情感色彩的词或词组构成的合集，是文本情感分析领域中的重要工具之一（Chauhan G S，2020）。情感词典不仅可以对大规模文本进行自动情感标注，还可以结合机器学习、深度学习等方法分析文本所包含的情感信息（樊振，2018）。情感词典根据其适用性可以划分为通用情感词典和领域情感词典。前者通常在已有的开源词典上利用词义关系进行扩展，涵盖了大部分语料中的情感词，可以对任一领域的文本语料进行情感分析，但由于词与词之间关系复杂且存在一词多义等现象，导致通用情感词典泛化能力差，在对某一特定领域进行情感分析时专用性不足。而领域情感词典是针对特定领域内容量身定制的情感词典，具有明确的指向性，在通用情感词典基础上加入特定领域词汇并对词语类别或情感极性重新整理（Gupta S，2020）。

构建情感词典是情感分析工作的重要基础。目前，国外的情感分类研究已经取得较好的成果，得益于英文单词在情感分析任务中的便捷性以及大量的英文数据集，如英文通用情感词典 General Inquirer 和 SentiWordNet；而由于中文语句的多变性、词义的多重性和数据集的缺乏，使得国内的情感分类研究起步较晚。近年来，中文通用情感词典也取得了不错的进展，如收录了公共领域情感词、否定词和程度词等词语的知网 HowNet 情感分析词语集，标注了词语的情感类别、情感极性、情感强度等属性的大连理工情感词汇本体库（王春东，2022）以及基于文本情感二元划分的 NTUSD 简体中文极性情感词典（钟佳娃，2021）等。通用情感词典的词语极性不会随着情感分析领域的改变而发生变化，虽然具有规模大、准确率高的优点，但在不同领域可能会存在一词多义的现象（王晰巍，2022），比如"辛苦"一词在大连理工情感词汇本体库中被标注为消极词汇，但在公共卫生舆情事件中，"辛苦"通常表现为对医护人员或志愿者的褒奖，属于积极词汇。因此，面向特定领域构建情感词典成为学术界关注的焦点，目前领域情感词典的构建方法主要有基于种子词的方法和基于语料库的方法。

基于种子词的方法是以种子词为基础进行传播式构建。郭顺利等 (2016) 结合多个通用情感词典，根据计算得到的情感词词频选取各类情感种子词，通过同义词词林扩展候选词并利用改进的 SO-PMI 算法计算候选词的情感极性，构建了面向中文图书评论的情感词典，该方法改善了因词语频次太低而产生的数据稀疏问题。在词向量训练方面，词向量的最大特点是将语义信息用向量的形式进行分布式表示，在情感词典构建时通过计算词向量间的余弦相似度来抽取候选情感词（李枫林，2019）。刘亚桥等 (2019) 从大连理工情感词汇本体库中抽取种子词，分别基于 Word2vec 模型和 TF-IDF 训练得到候选情感词，通过计算种子词和情感词的余弦度进行情感倾向性判断，形成摄影领域情感词典。严仲培等 (2019) 利用 Word2vec 模型将情感词进行向量化表示，通过判断向量之间的距离对情感种子词进行筛选，通过计算候选词与种子词之间的点互信息值构建了面向旅游在线评论的情感词典。但是仅根据词向量计算的相似度来判断词语情感倾向不太准确，可能会存在语义相近而情感极性相反的情况。蒋翠清等选取知网 HowNet 情感词典为种子词典，分别利用 Word2vec 模型和 PMI 算法在汽车评论语料库上识别新词的情感极性来构建新的领域情感词典。为了更好地分析金融领域投资者的情绪，奥利维尔等（Oliveira et al., 2016）以股市平台 StockTwits 评论数据为语料，选取股票领域的代表性词汇作为种子词构建了面向股票市场领域的情感词典。陈可嘉等 (2020) 引入 Word2vec 模型抽取高频候选情感词，结合前期构建的基本情感词典、程度副词和否定词生成股市情感词典，并采用改进模拟退火算法对词语的情感指数进行优化，提高股市情感词典性能。这些情感词典与其应用领域联系密切，具有较好的领域专用性。

基于语料库的方法是基于大规模评论语料库，根据语料中词语的共现关系和上下文等信息获取候选情感词，通过计算词语情感值和情感强度，不断缩小候选集合进行词典构建。如阿扎尔等（Asghar et al., 2016）针对通用情感词典对健康相关术语的覆盖范围有限的情况，基于引导概念、SWN 技术和大规模语料库提出一种混合方法构建面向医疗领域的情感词典，并使用 TF-IDF 来更新情感词语的情感强度。马秉楠等 (2016) 以社交网络短文本中特有的表情符号为标志，采用跨媒体和共现的思想构建了面对社交网络的情感词典。崔彦琛等 (2018) 采用 PMI-IR 和 SO-PMI 方法从大规模消防舆情事件评论语料中抽取情感词构建本源词集，结合通用情感词典、本源词集和网络用语情感词典构建消防突发事件网络舆情情感词典。钟敏娟等

（2016）利用关联规则算法抽取并识别音乐商品评论信息语料库中的情感词和评价对象，通过构建关联规则事务集和语义关系树获取候选情感词与评价对象间的强关联关系，引入随机游走模型和混合相关关系判断未知情感词极性，基于情感词情感倾向量化模型有效地构建了音乐领域情感词典。贾等（Jia et al.，2020）利用改进频繁项集的方法获取候选语料，利用 N-gram 模型过滤未知词，结合点互信息和左右信息熵完成新词识别工作。周知等（2021）基于超短评论数据集，采用点互信息方法进行情感词识别和情感倾向判断，设置规则过滤候选情感词，形成面向图书领域的情感词典。

影响情感词典效果的因素有种子词的质量和情感词的极性划分，有学者将基于种子词和基于语料库的方法相结合构建情感词典。如杨小平等（2017）通过神经语言模型对大规模中文语料进行训练抽取种子词，计算相似度的约束集合获取候选情感词并将语义距离转化为情感强度，得到包含 10 种情感标注的多维汉语情感词典。李长荣和纪雪梅（2020）基于通用情感词典在大规模网络舆情语料库中识别情感词及情感属性获取种子词，在此基础上利用 Word2vec 模型计算余弦相似度进行情感词典的扩展，构建了面向突发公共事件网络舆情的情感词典。

基于以上研究，本书发现对于通用情感词典构建的研究相对较多，且方法多样，对于特定领域词典的构建尤其当下热门的公共卫生事件网络舆情领域，还缺乏相应的比较全面且可扩展的领域情感词典，限制了该领域的舆情情感分析的准确性。本书拟采用混合方法构建领域情感词典，根据现有情感词典匹配大规模语料库抽取种子词，利用 Word2vec 模型和依存句法分析扩展候选情感词，引入标签传播算法和 LeaderRank 算法对未知情感词进行情感标注，构建面向公共卫生舆情领域的情感词典。

二、文本关键词提取技术研究

文本关键词提取技术大致可以分为三类：有监督、半监督和无监督的关键词提取算法。

有监督算法属于二分类问题，利用统计、位置、语言、语境等特征构建二分类模型。如威滕等（Witten et al.，2005）使用位置信息作为特征，以朴素贝叶斯作为二分类模型，从而判断某个短语是否为关键短语。在语言模型上，宋等（Song et al.，2003）利用信息增益、词位置等特征建立了语义模型，在一定基础上创建了 KPSpotter 系统进行关键词提取；胡斯（Hulth，2003）在语义模型中增加了短语库、词性标记等属性，实现了自动关键词提取。

基于半监督的关键词提取算法与有监督式的相差很小，相关的研究较少，李等（Li et al.，2010）通过使用半监督的转导学习方法来提取关键短语，从而避免了训练数据的问题。林恩等（Lynn et al.，2016）基于非常规马尔可夫链（Markov Chain，MC）自动提取 Web 文档关键字的半监督方法，根据实验结果可得，所提出的方法在性能和语义方面优于用关键字提取的基线方法。

由于基于有监督的关键词提取算法前期需要对数据进行人工标注，且不容易应用于多场合，所以近年来基于无监督的关键词提取算法开始流行。无监督关键词提取方法主要有三类：基于统计特征的关键词提取算法（TF，TF-IDF）、基于词图模型的关键词提取算法（PageRank，TextRank）和基于隐含主题模型的关键词提取算法（LDA），这三类方法虽在一定程度上提取了关键词，但准确率还有待提高，因此后续不断有学者在此基础上通过单个算法优化、多种算法结合、增加属性等方式进行相关创新。

基于统计特征的关键词提取算法的方式是通过统计文档中的词语信息来达到获取关键词的目的，索尔顿等（Salton et al.，1988）提出了 TF-IDF（Term Frequency-Inverse Document Frequency）特征词 – 权值模型，TF-IDF 是最经典的基于统计的关键词提取方法。此后又出现了对 TF-IDF 算法的改进，迪尔韦斯特等（Deerwester et al.，1990）提出了潜在语义分析模型（Latent Semantic Analysis，LSA），对 TF-IDF 矩阵实现了降维；罗勒等（Basils et al.，1999）对 IDF 算法进行了改进，提出了 TF – IWF 算法，对 IDF 部分提取关键词进行了优化，解决了 IDF 提高部分词语权重带来的影响，但整体上还是以词频为基础，不利于最终提取关键词。张谨（2014）在经典的 TF-IDF 权重计算里加入了位置属性和词跨度属性；牛萍（2016）等融合了词性特征、标题词权重和词长信息，改进了词的 TF 计算公式，通过对比实验验证其有效性；朱晓霞等（2019）通过观察微博的特点，将 TF-IDF 和 K-means 融合，得到了基于主题—情感挖掘模型的情感分析方法，并在最后的实验中证明 F 值有所提高。

在基于词图模型的关键词提取方面，佩奇等（Page L et al.，1998）提出了 PageRank 算法，本质上构建的是一张有向图，节点是网页。在此基础上，米勒克尔和塔劳（Mihalcea and Tarau，2004）对 PageRank 进行了改进，将节点由网页变成句子，得到了如今应用非常广泛的关键词提取算法——TextRank 算法，该方法基于图模型，后续的改进技术也都在此算法的基础上进行。方俊伟等（2019）构建了一种基于先验概率的 TextRank 算法，该算法在学术文本关键词提取方面准确率有所提高。周锦章等（2019）利用词向量对 TextRank 算法进行改进，根据不同词语的不同语义，基于隐含主题模型对 TextRank 的转移概率矩阵进行更改。

LDA 是最经典的基于隐含主题模型的关键词提取算法，贝雷等（Blei et al.，2003）基于狄利克雷先验分布（Dirichlet Distribution）进行概率隐形语义分析（PLSA），让隐形语义分析有了阶段性进步，在此基础上，朴等（PU et al.，2015）针对主题或类别的信息需求，构建了基于迭代计算法的隐含主题模型，提出了一种基于 TDCS 的主题模型；顾益军等（2014）利用 LDA 进行主题建模和候选关键词的主题影响力计算，综合文本特征提取摘要，显著改善了关键词抽取效果。

三、文本情感分析方法研究

目前，应用较多的情感分析方法分为基于词典的情感分析、基于机器学习的情感分析和基于深度学习的情感分析。

基于词典的情感分析主要通过导入情感词典或自定义情感词典，对文本中的情感词以及关联信息进行情感倾向性分析，其中中文较为常用的情感词典有知网语料库（HowNet，2007）、大连理工大学情感词汇本体库（DU-TIR）（徐琳宏，2008）等。李钰（2014）通过将 Word Net、大连理工大学情感词汇本体库等应用广泛的情感词典进行整合构成了基础词典，并引入表情符、网络用语等新兴词汇，使结果更加准确。庞磊（2012）等将几部经典的英文词典结合，对微博中没有标注的语料进行词性标注，通过翻译构建基本的中文情感词。

基于机器学习的方法在情感分析领域应用得越来越广泛，如比较流行的支持向量机（SVM）、最大熵马尔可夫模型（MEMM）以及朴素贝叶斯等较为成熟的文本情感分类模型。早期情感分析的相关研究由庞等（Pang et al.，2002）在 20 世纪初首次提出，其利用支持向量机等机器学习方法分析在线电影评论的情感极性，获得公众对某场电影的正负向情感极性值。古等

（Go et al.，2009）通过在文本分析中加入表情符，采用机器学习方法进行情感分析，增加了结果的准确性，为后面学者基于表情符的文本分析奠定了基础。博伊等（Boiy et al.，2009）通过比较 SVM、MEMM、NB 三种不同机器学习的方法，对博客的文本进行人工情感标注，分别用英语、荷兰语和法语分类讨论，该方法将信息检索、自然语言处理和机器学习相结合，并认为 SVM 的准确率最高。陈平平等（2020）利用 BP 神经网络、多项式贝叶斯算法进行情感倾向性分析，构建最优情感分类模型。陈震等（2020）以 2018 年 100 件网络舆情事件为数据源，提出了一种基于贝叶斯网络（Bayesian Network）分析网络舆情事件趋势的方法，为后续学者分析基于贝叶斯网络模型处理网络舆情事件提供了参考。

深度学习作为机器学习的一个分支也被用于情感分析，目前较为主流的应用于情感分析的深度学习模型有 BP 神经网络、卷积神经网络模型、循环神经网络、长短时记忆网络（Long Short Term Memory，LSTM）等。哈桑等（Hassan A et al.，2017）通过在预先训练好的单词量基础上增加 CNN 算法和 LSTM 算法，在此基础上部分降低了信息缺失的比例，能最大程度保证信息完整性。李井辉等（2020）同样利用 LSTM 算法与 CNN 算法分别对评论文本进行情感分析，经过实验对比，发现 LSTM 比 CNN 在情感分类的准确率上有所提高。程艳等（2019）总结了大部分深度学习模型在中文文本情感倾向分析中存在的问题：一个是没有考虑文本层次对情感取向决策的重要性，另一个是目前的一些中文分词技术在处理当前文本时有歧义。

第二节　情感视角的网络舆情研究综述

本节系统整理了近些年国内外学者在情感视角下的网络舆情研究进展并分析了未来的研究趋势。我们的讨论基于 Web of Science 和中国知网（CNKI）所提供的文献，并使用词云（Word Cloud）和 CiteSpace 软件作为可视化工具对这些文献进行知识图谱的构建，旨在帮助相关学者进一步了解该领域的研究现状和发展趋势，为将来开展深层次研究提供理论参考和依据。

一、研究文献统计

（一）文献来源

本书采用文献研究法分析国内外网络舆情的研究现状。中英文文献分别选自 CNKI 全文数据库和 Web of Science 数据库，由于网络舆情主要由突发事件引起，并且考虑到 2020 年暴发的新冠肺炎疫情引起的网络舆情，本书分别以"（主题：网络舆情）AND（主题：情感）OR（主题：新冠肺炎）AND（主题：情感）OR（主题：突发事件）AND（主题：情感）"和"sentiment analysis（All Fields）and public opinion（All Fields）"作为 CNKI 数据库和 Web of Science 数据库的检索式进行精确检索，为了保证参考文献的质量，设置中文期刊来源类别为"北大核心"和"CSSCI"，英文期刊来源为 Web of Science 核心合集。鉴于 2008 年国内接连发生诸多重大突发事件，新老媒体的互动使得网络具有巨大的舆论能量，网络舆情开始受到学者们的关注，因此设置索引时间范围为 2008 年 1 月 1 日至 2020 年 12 月 31 日，最终检索出 231 篇外文文献和 304 篇中文文献。

（二）文献时间分布

我们统计了 2008～2020 年 CNKI 和 Web of Science 数据库历年发表的相关文献数量，如图 2-1 所示，一方面可以反映出该研究领域历年来的发展趋势，另一方面也表现出学术界对网络舆情情感主题方面研究的关注程度。

从图 2-1 中可以看出国内外对该领域的研究趋势大致相同，2008～2011 年国内学术界对该领域的研究鲜有人关注，直至 2012 年关注度有所上升，温州动车事故、雅安地震、南方各地洪涝灾害、上海外滩踩踏事件等突发事件在网络上不断发酵，致使更多学者从舆情情感的角度出发对突发事件网络舆情的演化和传播进行深入研究。2018 年后机器学习和深度学习等技术被大量应用在网络舆情的情感分析中，使得情感分类和情感演化能够得到更加精确的研究结果；2019 年凉山州森林火灾事件和 2020 年新冠肺炎疫情的发生，使得学术界对该研究领域的关注度直线上升。相较于国内研究，国外学者从情感角度对网络舆情的研究起步较晚，直至 MH370 航班失联事件、埃博拉病毒肆虐、拉斯维加斯枪击案、印尼海啸等事件发生后，该领域研究热度逐渐上升，并在 2019 年呈现爆发式增长。2020 年暴发的新冠肺炎疫情更是成为引爆网络舆情的导火索，网络舆情迅速在全球范围内产生并不断传播，使得该领域的关注度达到顶峰，同时也激发了更多学者对网络舆情的关注和研究。

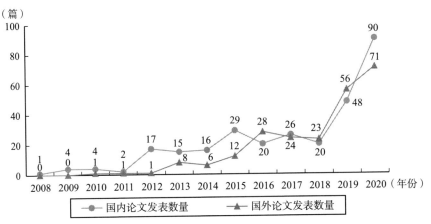

图2-1 国内外网络舆情情感研究论文发表数量趋势图

资料来源：CNKI 和 Web of Science 数据库。

（三）文献关键词分析

关键词作为文献的关键信息和知识标签，能够反映出文章的中心内容，本书统计了国内外文献中的关键词信息并进行词云可视化构建（如图2-2所示）。TF-IDF 是一种常用的信息检索与数据挖掘方法，具有很强的适用性和鲁棒性，其中词频（Term Frequency，TF）用于统计词语在语料库中出现的频次，逆文件频率（Inverse Document Frequency，IDF）则考察词语在多条评论中的共现情况，进而判断候选词对文章的刻画能力。由于某个词语对文章的重要性与它的 TF-IDF 值成正比，因此通过计算词语的 TF-IDF 值可以较客观地提取出文章高频词。我们将 TF-IDF 值排名前10 的关键词进行比较，直观地展现国内外网络舆情情感主题的研究热点和方法，如表2-1所示。通过关键词对比可以看出，国内外学者在该领域的研究主要基于三种方法，即机器学习、深度学习和情感词典；同时，国内学者倾向于研究网络舆情的舆情分析、舆情监测、情感演化和情感分类，而国外学者对大数据下的网络舆情数据挖掘研究较多。

图2-2 国内外网络舆情情感研究文献关键词词云

资料来源：由 CNKI 和 Web of Science 数据库词云可视化构建而成。

表2-1 国内外网络舆情情感研究文献关键词排序

排名	关键词	关键词
1	Sentiment Analysis	网络舆情
2	Public Opinion	情感分析
3	Social Media	舆情分析
4	Opinion Mining	深度学习
5	Machine Learning	机器学习
6	Deep Learning	情感词典
7	Text Mining	舆情监测
8	Twitter	情感演化
9	Data Mining	情感倾向
10	Big Data	情感分类

资料来源：通过计算词语的 TF-IDF 值输出。

二、国内外网络舆情情感研究

现有的文本情感分析技术应用领域有电子商务、市场竞争和在线评论等，随着网络舆情研究热度逐渐升高，情感分析也逐渐被应用到网络舆情领域中。由于网络舆情受舆情主体、舆情客体和外部环境等多种因素的影响，因此对网络舆情进行情感分析是一个复杂的过程，图2-3描述了网络舆情情感分析的整个过程，包括网络舆情情感分类、网络舆情情感演化、网络舆情情感预测和网络舆情治理，接下来将分别从这四个方面总结国内外网络舆情的研究现状。

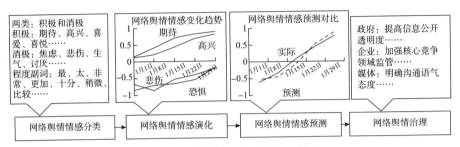

图 2 - 3　网络舆情情感分析过程

（一）网络舆情情感分类研究

情感分类是情感分析的基础和依据，传统的文本分类只关注文本的客观内容，而情感分类更多研究的是文本作者的"主观因素"，即表达者的情感倾向。本节对比了部分情感分类文献的研究方法、研究对象以及研究结果（如表 2 - 2 所示），并分别从三种技术层面评述情感分类研究。

表 2 - 2　　　　国内外部分网络舆情情感分类研究文献对比

研究对象	研究方法	研究结果	参考出处
"6.22 杭州保姆纵火案" 微博语料	扎根理论、PMI 算法、TF-IDF、LDA	P（85%）R（87%）F1（86%）	张鹏等（2019）
"6.22 杭州保姆纵火案" 微博语料	逐点互信息方法、SO-PMI 算法、TF-IDF	P（80.2%）R（87.21%）	崔彦琛等（2018）
"红黄蓝虐童事件" 相关微博数据	LDA 主题模型、XG-Boost 分类器	P（80.5%）	曾子明等（2018）
"滴滴温州女孩遇害" 微博热门评论	支持向量机、Word2vec、时间序列方法	P（93%）	邓君等（2020）
Twitter 上 "新冠肺炎" 热门推文	Logistic 回归算法、TF-IDF、机器学习	P（78.5%）	（Machuca C R，2021）
"天津港爆炸事故""萨德入韩事件""章莹颖失踪事件" 微博相关评论信息	词嵌入技术、双向长短时记忆模型	P（93.02%）、P（95.22%）、P（96.874%）	吴鹏等（2018）

续表

研究对象	研究方法	研究结果	参考出处
"复兴号高铁首发"视频弹幕数据	卷积神经网络、热点循环检测算法、Word2vec模型	P（89.7%）R（89.7%）F1（89.7%）	叶健等（2019）
微博话题"打呼噜被室友群殴"数据	卷积神经网络、Word2vec模型	P（91.77%）	张海涛（2018）
Plurk、PTT、Dcard和Mobile01短信平台数据集	LMAEB-CNN模型、多头注意力机制	P（89.6%）R（89.2%）F1（89.4%）	（Su Y J，2020）
新浪微博10000条正负情感样本	双向特征表示模型、伪标签、L2正则化	P（80.34%）R（79.27%）F1（79.8%）	孙靖超（2020）

注：PMI（Pointwise Mutual Information）：点互信息算法；SO-PMI：情感倾向点互信息算法；LDA（Latent Dirichlet Allocation）：隐含狄利克雷分布；LMAEB-CNN模型：BiLSTM Multi-Head Attention of Emoticon-Based Convolutional Neural Network；P表示精确率，R表示召回率，F1 = 2 ×（精确率 × 召回率）/（精确率 + 召回率）。

资料来源：CNKI和Web of Science数据库。

一是基于情感词典分类方法。情感词典作为一种重要的情感分类资源，它的分类细粒度直接决定了情感分析结果的准确性。有学者在通用情感词典的基础上结合同义词表、领域情感词和网络用语等词典构建了不同类型的情感词典，如表情符号情感词典（张鹏，2019）、消防领域舆情情感词典（崔彦琛，2018）和突发事件领域情感词典（赵晓航，2016）等。鉴于大多数研究集中在文本内容的浅层特征，而对其内在特征关注不足，曾子明（2018）基于情感词典提出一个融合了深层演化特征中的主题特征、时间特征、文本词性特征和情感特征的情感分析集成模型，其情感分类的准确度达到了85%。由于缺少网络舆情情感维度的实例探索，王英（2017）基于不同情感维度建立了情感词典，结合情感词和情感倾向性识别网络舆情主客观文本并进行情感分类，根据分类和情感值量化结果对网络舆情的情感预警程度进行研判。虽然情感词典无须通过大规模数据的训练来提高情感分类的准确度，但对不同领域的情感分析研究仍需构建有针对性的领域情感词典（王卫，2018）。

二是基于机器学习方法。目前机器学习已经得到许多学者的关注和研究，如邓君（2020）利用支持向量机训练的微博舆情情感模型分类准确率达到93%，但其并未考虑句式和语法结构对分类准确率的影响。马丘卡等

（Machuca et al.，2021）对推特（Twitter）上新冠肺炎疫情相关推文进行情感分析，运用机器学习和 Logistic 回归算法将英语推文自动分为积极或消极两个维度，分类精度达到 78.5%。尹等（Yoon et al.，2016）为了探讨政治问题的舆论走向，首次结合岭回归、套索回归模型和潜在狄利克雷分配主题来分析舆情话题公众意见的极性，该方法的平均性能比 SVM 模型高约 7%。杰恩和丹纳（A. P. Jain and P. Dandannavar，2016）使用朴素贝叶斯和决策树机器学习算法对 Twitter 评论进行情感倾向性分析，提出一个更加灵活、快速、可扩展的文本分析框架。机器学习方法虽然可以通过训练分类器实现文本的情感分类，但其迁移效果差，容易出现特征稀疏问题，埃尔等（Er et al.，2016）结合情感词典和机器学习方法来处理推文的显著特征，根据用户的个人偏好分析其打字习惯和情感波动，总体准确率可达 81.9%。

三是基于深度学习方法。该方法主要通过情感标注、词向量训练以及长短时记忆网络（吴鹏，2018）和卷积神经网络（叶健，2019）对舆情数据中的情感进行正负性和褒贬性等不同程度的分类。其中吴鹏等（2017）和金占勇等（2019）基于认知情感评价模型和深度学习方法构建了不同的网络舆情情感识别模型，并用真实案例进行了模型训练和对比验证，相较于其他方法准确率有所上升。基于转换器的双向编码表征模型在提取上下文特征上具有突出优势，孙靖超等（2020）设计了一种基于优化深度双向自编码网络的舆情情感识别模型，通过双向特征表示模型提取舆情特征以及 L2 正则化提高模型泛化能力，实验表明该模型的情感分类准确率高于传统神经网络，达到 80.34%。郭修远等（2020）利用神经网络模型构建了多输入多任务协同学习的情感分析模型，有效解决了单任务单输入模型的局限性。虽然深度学习可以在多种特征中自动学到有效的分类模型，但其训练耗时的缺点也较为明显，并且领域扩展性不佳。基于以上缺点，陈珂等（2020）提出一种情感词典特征信息与深度学习自动提取的情感分类方法，引入自注意力机制提取不同情感词之间的内部关系作为模型额外的情感特征信息，最后在 NLPCC2014-en 数据集上测试的精确率、召回率和 F1 分别为 83.72%、88.58% 和 86.08%。

传统的情感词典方法主要依赖种子情感词和人工设计的规则，但互联网时代信息更新速度加快，不断涌现出热门词语、成语和网络特殊用语等，需要不断扩充情感词典才能满足需要。为了提高情感分类的准确率，学者通过大量有标注或无标注的语料使用有监督、无监督或半监督机器学习算法进行情感分类，虽然在一定程度上情感分类性能优于情感词典，但机器学习方法往往忽略了上下文语义信息从而影响情感分类的准确性。与机器学习不同，深度学习具有较强的特征学习能力，能更好地融合上下文信息以解决传统情感分类方法中的缺陷，有效提高情感分类的准确率，但其训练时间长、无法解释最终决策语义的缺点也较明显。

目前，网络舆情情感分类的研究对象多集中于文本中的情感信息，但是随着多媒体时代的到来，网民的情感表达方式逐渐向图像和视频转移，传统的单模态不足以鉴别复杂的情感信息，结合多媒体数据中的多模态信息可以挖掘出更加准确和丰富的情感信息，以提高情感分类的准确率。为了收集同一主题中多幅图像的情感信息，曹等（Cao et al.，2016）提出一种视觉情感主题模型（Visual Sentiment Topic Model，VSTM）来获取图像中隐含的情感信息以增强视觉情感分析结果，该模型可以选择出具有区别性的视觉情感本体特征。黄等（Huang et al.，2019）提出一种新的图像——文本情感分析模型，即深度多模态注意力融合模型（Deep Multimodal Attention Fusion，DMAF），该模型利用视觉内容和文本数据之间的区别特征和内在关联进行联合情感分类，大量实验证明了该方法在弱标记和手动标记数据集上的有效性。此外，波立亚等（Poria et al.，2016）提出一种多模态情感分析框架，从多种模式中提取情感信息，与 YouTube 数据集的对比实验表明所提出的多模式系统分类准确率达到80%。视觉模态的选择多以人脸表情为主，但在真实的网络舆情评论中很少出现人脸表情的图片，范涛等（2020）首次融合网络舆情文本和图片的情感特征实现多模态融合情感识别，所提出的情感识别模型精确率可以达到85.3%。多模态情感分析领域的复杂性不仅体现为情感信息之间的关联性，也影响对多模态对象的情感判断，如何搭配最佳的模态内容进行情感分析值得学者们进一步研究。

（二）网络舆情情感演化研究

针对各种突发事件中此起彼伏的舆论热潮，国内外学者从不同维度对网络舆情的情感演化过程进行了全面研究。本节系统整理了国内学者近年来关于网络舆情情感演化的研究内容，如表 2-3 所示。从表 2-3 中可以看出目前国内研究所使用的方法有模型构建（谭旭，2020）、朴素贝叶斯（王晰巍，2018）、态势感知理论（任中杰，2019）、K-近邻分类算法（邢云菲，2018）、生命周期理论（安璐，2017）、深度学习（安璐，2017）、聚类算法

（张琛，2021）和数据仿真（夏一雪，2019）等，这些方法的应用进一步拓展了该领域的理论研究和实践探索。为了掌握移动环境下网络舆情用户情感演化规律，王晰巍（2018）从词频、地域和时间三个可视化维度构建用户评论情感分析模型并通过实例验证了该模型的有效性，但忽略了特征词的上下文信息，容易造成情感信息丢失。在此基础上陈凌（2020）将长短时记忆网络应用到情感分析领域，结合用户情感上下文信息对舆情演变趋势进行分析，有效地对网络舆情用户情感倾向性和公众情感趋势进行分析与预测。北山等（A. Keramatfa et al.，2021）在对社交媒体文本进行情感分析时提出一种上下文感知的多线程分层长短期记忆模型（Multi-thread Hierarchical Long Short-term Memory，MHLSTM），该模型可以联系上下文信息进行建模，与基线模型相比误差减少了28.39%。任中杰（2019）、周红磊（2020）和张琛（2021）基于微博评论数据探究了突发公共事件中用户情感和舆情的演变规律。在舆情主题分析方面，安璐（2017）和林永明（2019）对舆情事件不同阶段下的主题和情感进行了协同分析，朱晓霞（2019）和刘等（Liu et al.，2020）针对静态情感判断的局限性提出不同的动态主题—情感演化模型来对整个情感演变过程进行动态情感分析，在主题提取方面相较于传统方法性能都有所提升。刘丽群等（2018）综合情感和主题两个维度构建了自然灾害社会计算模型，基于社会计算视角为大数据背景下的自然灾害微博舆情分析提供方法借鉴，该模型相较于传统模型更加简洁，实验结果更贴近舆情本身。

表2-3　　　　　　　　　　国内网络舆情情感演化研究文献整理

研究对象	研究方法	研究结果	参考出处
香港论坛"修例"风波评论	LDA-ARMA混合模型、情感值测度算法	展示出舆情事件不同演化阶段的情感变化与演化趋势，模型预测平均误差小于9.95%	谭旭等（2020）
微博"里约奥运会中国女排夺冠"话题评论	朴素贝叶斯、TF-IDF算法、可视化技术	不同地域的网民表达出不同程度的情感倾向性	王晰巍等（2018）
"天津8·12爆炸事故"相关微博评论	态势感知理论、SnowNLP模型、朴素贝叶斯	以情感热度为指标得出更加详细的舆情划分阶段	任中杰等（2019）
"江歌案"微博话题评论数据	KNN算法、用户情感分析模型	舆情情感值会随着情感极性值的增加而增加	邢云菲等（2018）

续表

研究对象	研究方法	研究结果	参考出处
"魏则西事件"微博评论	生命周期理论、Gephi软件、情感分析技术	在舆情的不同时期,各类利益相关者的情感影响程度不同	安璐等(2017)
微博"上海地铁10号线追尾"相关评论数据	自然语言处理、朴素贝叶斯算法、生命周期理论	结合交通事件网络舆情的演变趋势,实现了网络舆情信息和可视化技术的耦合	滕靖等(2019)
"寨卡病毒"相关微博及评论	生命周期理论、K-means聚类算法、深度学习	融合微博主题和情感特征得出不同阶段下的舆情主题情感分布	安璐(2017)
"人民日报"官方微博发布的疫情相关微博评论	SnowNLP模型、单遍聚类算法、社团发现算法	不同省份的用户参与度和情感表现具有较大差异	张琛等(2021)
"雾霾"事件微博舆情数据	差分回归法、数值模拟仿真	所提出的模型可以描述出情感转移规律并感知情感衰减程度,在预测情感变化方面具有较好的性能	夏一雪(2019)

注:ARMA时序模型:自回归移动平均模型;KNN（k-nearest neighbor classification）:k-近邻分类算法。

资料来源:CNKI和Web of Science数据库。

此外,有学者研究了个体情绪、网络结构、舆情传播主体与环境等内外因素对网络舆情演化的影响（P. Fu et al.,2020）。还有学者运用自然语言处理技术和分室模型对新浪微博上正面评论和负面评论的传播进行建模,从获取的数据中模拟舆情传播并分析公众对舆情话题的情感趋势,结果表明新的模型比现有模型具有更好的拟合性（Y. Fang et al.,2020）。王等（Wang et al.,2020）通过分析网民主流情感强度的突变特征来识别舆情爆发的关键时间窗口,有助于防止舆情事件进一步恶化。在金融分析领域,有学者通过对金融评论或舆情信息中的公众情感进行建模分析,有效地预测股价走势,其预测模型具有较高的精度（Chen et al.,2019）。

网络舆情中隐含的大量情感信息来源于微博、贴吧、Twitter等平台的评论数据,传统的信息检索技术处理海量数据时并不尽如人意,但网络和数据挖掘技术的发展给舆情研究提供了数据基础和技术支持。舆情演化作为网络舆情的核心问题,目前已经得到国内外学者的全方位研究,未来可以从深层次、多维度的方向对网络舆情演化进行分析。

（三）网络舆情情感预测研究

目前，网络舆情情感预测的研究普遍基于统计学、机器学习和情感分析等方法，通过对已有情感信息分析来预测未来短期内的网民情感状态，但是网络舆情演化过程中网民情感会受到内外因素作用的影响而产生偏差。本书分别从研究对象、研究方法和研究结果角度对国内外相关文献进行了梳理（见表 2-4）。李彤（2015）以创新的集成学习思路为指导建立了一个情感趋势预测集成模型，其预测误差比单一使用 ARIMA 模型的方法更小（刘雯，2013）。随后不同学者基于灰度模型（吴青林，2016）、最大熵模型（Zhang M，2019）和相关向量机（马晓宁，2018）等不同模型和方法分别构造了网络舆情演化预测模型，并用实例验证了模型的预测有效性，但是这些研究没有考虑到其他因素对预测效果的影响。在此基础上，郭韧（2017）运用关联函数和可拓聚类理论将影响舆情变化的三种因素合并为一个整体进行舆情演化预测，实现了定量分析和定性分析的有机结合。鉴于已有方法大多侧重于从文本本身挖掘信息而很少研究用户自身特征，有研究者提出了一个"时间序列+用户"的双重关注机制模型，实现了单位时间内多用户多文档的情感预测（Li et al.，2019）。任中杰等（2019）利用用户画像特征和个人情感度对舆情不同阶段的情感倾向进行预测，古普塔和哈尔德（S. Gupta and P. A. Halder，2020）提出了一种混合用户情绪和行为的预测系统来预测文本所传达的情感，他们的研究都取得了较好的预测效果。在大数据背景下，阿赫塔等（M. S. Akhta et al.，2020）提出了一种通过使用多层感知器网络组合数种深度学习和经典特征模型来预测情绪和情感强度的堆叠集成方法，与现有的最新系统相比具有更好的性能。托塔（A. Thota，2020）结合深度学习和主题嵌入技术开发了一个主题情感检测框架，实验结果表明该框架具有高准确性。唐晓波构造了一个情感强度时间序列分析方程来预测公众情感倾向，在此基础上王秀芳等（2018）进行改进并建立了随时间变化的公众情感倾向趋势分析模型，其预测精确度达到 88.97%，相较原来的方法准确率提高了 7%。

表 2 - 4   基于情感的网络舆情预测研究文献归纳

研究对象	研究方法	研究结果	参考出处
内蒙古赤峰市宝马矿业"12·4瓦斯爆炸"事故微博评论情感	LDA主题模型、情感特征、逻辑回归模型	预测准确率：92%	（林永明，2019）
新浪微博10天内热度较高的3个舆情事件评论的情感值	时间序列模型、高斯函数、相关向量机	平均绝对误差：1.4718	（郭韧等，2017）
"P2P恶性事件"微博评论情感	时间序列模型、LSTM模型、支持向量机	预测准确率：78.13%	（Li L，2019）
"天津8·12爆炸"热门微博评论情感	GBRT梯度提升树、用户画像、朴素贝叶斯	平均绝对误差：0.2672	（任中杰，2019）
"中国股市断路器机制失灵"事件微博评论情感信息	情感衰减理论、系统动力学理论、粒子群优化算法	平均绝对误差：0.84	（Dong X，2020）
微博财经新闻标题的情感强度	多层感知器、LSTM、CNN、GRU、SVR	预测准确率：74.8%	（Akhtar M S，2020）
Twitter上有关"鸦片类"药物的推文情感变化	VADER、KATE主题建模、神经网络	预测准确率：95%	（Thota A，2020）
新浪微博30天内5个热门话题情感倾向	OR-DisA、典型相关分析模型、时序回归	预测准确率：88.97%	（王秀芳，2018）

注：LSTM（Long Short-Term Memory）：长短时记忆网络；GBRT（Gradient Boost Regression Tree）：渐进梯度回归树；CNN（Convolutional Neural Networks）：卷积神经网络；GRU（Gate Recurrent Unit）：门控循环单元；SVR（Support Vector Regression）：支持向量回归；VADER（Valence Aware Dictionary and sEntiment Reasoner）：效价感知词典和情感推理器；KATE（K-competitive Autoencoder for TExt）：k-竞争文本自编码器；OR-DisA（Ordinal Discrimination Analysis）：有序判别分析。

资料来源：CNKI和Web of Science数据库。

情感预测模型可以有效地对未来网络舆情的情感趋势进行分析，从而掌握网络舆情的演变规律，预先制订有针对性的舆情应对措施。目前研究多集中于突发公共事件舆情分析，通过结合舆情话题和情感特征对舆情态势和用户情感进行预测，但大多数研究普遍将用户情感进行单标签分类，忽略了一条评论信息中可能存在多种类别的情感，未来可以结合多标签分类技术以提高情感预测的准确率。

（四）网络舆情治理研究

对网络舆情治理的研究主要针对政府、企业和网络媒体等不同主体展开

（如表 2-5 所示）。基于政府方面的研究，研究人员利用实证研究、数据仿真等方法分析了不同阶段的舆情载体情感状况，并从信息透明、舆情预警、态度引导、时度效等方面提出建议（文宏，2019），这些研究有助于强化政府部门对网络舆情的监控、引导和治理。基于企业方面的研究所提出的舆情治理措施有：提高企业舆情响应速度、加强核心竞争领域监管、及时回应民意等（Jiang H，2016）。网络媒体具有快捷性、开放性和互动性等特点，相关研究提出营造良好网络氛围、明确沟通态度、强调价值引导等建议（蒋明敏，2020）。此外也有学者针对多元主体协同治理提出应对策略（辜丽琼，2019；马续补，2020）。

表 2-5 国内网络舆情治理的策略研究

研究对象	研究方法	研究结果	参考出处
新浪微博"8·12 天津爆炸"事件相关评论	TF-IDF、线性回归模型、主题提取	政府信息公开在舆情传播过程中起主导作用	赵晓航（2016）
网易新闻、凤凰网关于"雪乡宰客事件"的相关评论	TF-IDF、LDA 隐含主题模型、朴素贝叶斯	政府管控、回应滞后和缺失信任都会导致舆情向消极方向发展	文宏（2019）
突发事件网络舆情数据特征	Logistic 回归模型、负面情感引导模型	政府应对舆情时应按照"时度效"进行策略制定	夏一雪（2019）
"三全灌汤水饺猪瘟事件"后企业发布声明的相关评论	Word2vec、K-means 聚类	将企业危机舆情应对与网民情感相结合，探讨二者之间的关系	辜丽琼（2019）
政务微博对突发事件的回应信息及公众评论信息	情感分析技术、SPSS 软件	回应态度和回应议题共同影响政务微博回应效果	纪雪梅（2020）
政务微博回应信息	内容分析法	不同舆情事件应采用不同回应方式和语气	翟冉冉（2020）
新浪微博"双黄连事件"相关评论信息	Gephi 软件、Open Ord 算法	官方媒体和权威专家的回应会影响公众情感倾向	马续补（2020）

注：Open Ord 算法：可视化布局算法。
资料来源：CNKI 和 Web of Science 数据库。

提高舆情治理能力是网络时代的必然要求，特别是重大突发事件发生期间舆论密度加剧，政府、企业和网络自媒体必须要改进网络舆情的治理方式，现有的单一治理体系不能有效解决舆情的产生源头，政府必须加强网络环境建设，主动进行舆情引导，结合企业和网络媒体形成协同治理格局。

（五）其他相关研究

随着微博、Twitter 等社交平台的出现，研究人员开始结合用户情感进行短文本中的网络舆情识别，如张鲁民（2013）从分析情感符号的变化态势中实现突发事件的挖掘，提出在线突发事件检测框架，该框架提高了突发事件检测的效率，但检测精度没有较大改善。费绍栋等（2015）结合突发事件检测和情感过滤提出突发事件检测方法，该方法极大地提高了网络舆情事件的检测精确度。兰月薪（2013）基于生命周期理论将舆情过程划分为潜伏期、扩散期和消退期，并根据特征突发词在不同时期内的情感变化规律来检测突发事件。尉永清等（2015）结合具有时序突发性的网络数据流事件特征和用户信息情感特征提出一种融合情感特征的突发事件识别方法，能够在较短的时间内识别在线突发事件。另外在对突发事件传播规律的研究中发现，评论发布地域会随着突发事件的演变而变化，张雄宝等（2017）基于噪声、情感过滤后得到的负面情感文本从突发词地域方面采用聚类算法进行突发事件检测，准确率达到 88.89%。自媒体时代往往有许多不同的观点或话题围绕一个舆情事件，有学者根据自媒体舆情特征设计了一个多维网络模型和舆情检测算法，可以有效检测出与案例研究事件相关的舆情话题（G. Wang et al.，2019）。

目前，网络舆情的识别研究可以分为基于事件阶段的网络舆情识别、基于关键节点的网络舆情识别、基于观点主题的网络舆情识别和基于情感的网络舆情识别，未来可以借鉴多学科理论基础，开展横向领域的融合研究，为网络舆情识别研究提供数据基础和技术支撑。

第三节　主题建模研究综述

一、联合主题情感建模

主题和情感建模任务与通常针对某个主题表现出的情感程度相关。为了对主题情感连接进行建模，很多研究使用主题模型：基于词共现模式从文本中发现低维结构（主题）的统计模型。这些模式是通过使用所谓的潜在或隐藏变量来捕获的。早期的主题模型如 LDA（Wenbo Li，2020）和 PLSA（Li Huang，2019），主要集中于提取同质的主题，但最近这些模型被扩展到捕捉文本的其他方面，比如情感。以联合情感主题模型（JST）（C. Lin，2012；Masoud Fatemi，2019）为例，他们已经构建了不同情感标签下的主题抽取方法，是通过在主题层之前插入一个新的情感层以扩展 LDA 来实现的。因此要为文档生成一个词语，首先绘制情感标签 s，然后根据 s 绘制主题。国内学者许银洁等（2018）在 JST 的基础上提出了考虑用户特征的主题情感联合（JUST）模型，该方法将用户特征加入模型，以文档所对应的用户特征的线性函数作为文档－情感分布的先验，由此得到具有不同特征的用户群体的情感倾向。反向 JST 是 JST 的一个变体，其中情感层和主题层的顺序是颠倒的。存在稍微不同的模型，如主题－情感混合（TSM）（Yuemei Xu，2020）、情感 LDA（F. Li，2020）和情感统一模型（ASUM）（P. Kalarani，2019）和具有分解先验的情感主题模型（STDP）（Yulan He，2014）。除基于 PLSA 的 TSM 外，这些模型都基于 LDA。

二、主题随时间的演变

文档通常是随着时间的推移而收集的（在线讨论、新闻、电子邮件等），因此它们的内容可能也会随着时间的推移而变化。本书关注定量演变，即在某个时间戳讨论某个主题的数据量。随时间变化的主题模型（topic over time，TOT）（Chia-Hsuan Chang，2021）是一个基于 LDA 的定量主题演化模型，每周在 Twitter 上列出具有最多评论的 COVID－19 的话题，并每周监控话题的演变。格里菲斯和斯泰弗斯（T. L. Griffiths and M. Steyvers，2004）通过 LDA 模型计算每个时间戳上与每个主题相关联的文档数量来捕捉主题随时间的变化。此外，质的演化集中在主题的其他方面（包括单词分布、话题间关联、词汇等）。为此提出了动态主题模型（DTM）（Kambiz Ghoorchian，2020）来模拟主题词分布随时间的变化，将 Dirichlet 多项式或 Pitman-YR 过程等概率混合模型与 Gibbs 抽样和随机变分推理等近似推理的方法结合，分别考虑 DTM 的动态性和可扩展性。国内学者蒋翠清等（2019）构建了基于 LDA 的产品在线评论主题演化分析模型，从主题标签、主题热度和主题词热度三个层面挖掘海量在线评论的主题演化，发现了一系列新规律，获得了不错的效果。

三、联合主题情感随时间的演变

主题情感演变的建模问题是一个相对较新的问题，在文献中较少涉及。梅等（Mei et al.，2020）是最早处理这个问题的团队之一。先前提出的 TSM 模型被用来提取主题情感关联，然后定量演化的特征是在同一时间戳中一个主题和一个情感标签指定的词语数。许月梅（Yuemei Xu，2020）提出了一个基于流形学习的模型来研究在线新闻领域中话题情感关联及其随时间的演化，该模型能在低维空间中直观地反映主题的情感动态。文献（许银洁，2018）中的模型是基于 PLSA 的，众所周知 PLSA 有许多缺点，如过度拟合学习数据和由于大量学习参数而导致的高推理复杂度。朱晓霞等（2019）提出了一种基于动态主题情感演化模型的舆情信息分析方法，将改进的 TF-ID 和 K-Means 聚类方法相结合提取主题词，形成主题 – 情感匹配表，引入时间节点利用 PMI 和情感词典进行动态情感演化分析，具有一定实效性。还有学者在 JST 模型的基础上引入了动态 JST，以捕捉随时间推移的定性主题演变，他们的方法类似于 DTM（Kambiz Ghoorchian，2020），其中每个时间戳的模型都是从上一个时间戳的模型中派生出来的（He et al.，2014）。

第四节　本 章 小 结

本书对情感视角下的网络舆情情感分类、情感演化、舆情预测和舆情识别与治理四个方面的相关文献进行了统计分析、归纳和对比，并对未来研究方向有如下展望。

1. 多方法融合下的情感分类研究

情感分类是情感分析的重要基础，传统的方法主要基于构建情感词典和机器学习，但不同语言在不同领域中的情感表达可能会有差异，这就需要针对存在的差异构造不同的词典或模型，耗时耗力且十分具有依赖性，因此构建高效的通用领域情感词典和情感分析模型是未来的一个研究方向。此外深度学习方法虽然也被成功用于情感分析领域，但其训练时间久、无法解释最终决策的语义等缺点也非常明显，最近出现的图神经网络方法展现出了巨大的潜力，在今后的研究中应用该方法可以使兼顾文本整体和细节的方面级情感分类得到有效提升。

2. 多重信息载体下的舆情情感研究

目前，国内外的网络舆情情感研究主要通过对社交媒体中的文本信息进行情感挖掘与分析。随着互联网逐渐向移动社交化转变，图片和视频等载体因综合了画面、色彩、文字等特征成为网民表达情感的新形式。目前多模态研究主要包括三种方法：特征级融合、决策级融合以及混合融合，相较于单模态，多模态具有较高的准确性和稳定性，虽然已经有学者对图片和视频的情感信息进行了相关研究并取得了不错的进展，但如何将这种新载体的情感分析应用到网络舆情领域，以及在对网络舆情情感进行分析时如何根据模态的不同选择适当的模态融合方法，将是未来学者们需要研究的问题。

3. 多学科集成视域下的舆情预测研究

网络舆情的情感预测方法普遍基于传统学和人工智能等学科展开，而网络舆情发展趋势受多个随机因素影响，需要综合运用多个学科的研究方法来提高网络舆情预测的精确度。目前，多学科协同开展舆情预测的研究成果较少，未来可以将交叉学科理论与创新分析技术运用到舆情预测中，一方面，在现有研究的基础上进行多学科理论的融合；另一方面，在大数据的推动下，使研究方法从单一向多种交叉融合发展。

4. 多元主体协同下的舆情治理研究

网络舆情治理是政府职能的重要组成部分，对网络舆情及时准确的治理可以有效降低社会风险。有学者针对传统治理模式下的政府信息公开不透明、政府"一元主体"等问题提出了相应的改进建议，但由于网络舆情的影响因素具有多样性特征，未来我们还要根据多主体、多平台、多形式的特点实施有针对性的策略，综合运用政府舆情治理能力和线下各主体的协同治理能力，有效应对网络舆情治理过程中出现的次生风险，构建政府主导下的多主体协同的网络舆情治理模式、治理环境和治理机制。

第三章 领域情感词典的构建与自动扩展

引　言

近年来，本体理论在本体结构、本体检验、本体推理、本体开发方法、实用领域等方面取得了一定进展。但总体而言还处于起步阶段，特别是缺乏针对情感领域的本体模型，使得现有成果不能应用到情感分析中去。本章针对微博评论情感表达的多样性和模糊性，将情感本体划分为评价词本体和情感词本体，利用模糊理论和知网相关概念，借鉴本体基本结构和模糊本体模型构建模糊情感本体的基本模型。根据评价词和情感词的特点，运用模糊化处理和语义相似度的相关理论，分别对评价词模糊本体和情感词模糊本体的情感类型和隶属度进行相应处理。基于构建的情感词本体，本书主要介绍了公共卫生事件网络舆情语料库的数据来源，并结合通用情感词典和深度学习算法自动扩充网络舆情领域情感词典，说明了如何设计 Python 爬虫程序从新浪微博采集舆情事件评论数据，阐述了数据预处理阶段的具体操作，包括过滤包含乱码的文本、去除英文字符和特定功能符号、删除链接、图片等信息、纠正文本错别字等。

第一节　基于知网的情感本体构建

一、情感本体构建基础问题

构建模糊情感本体，首先要确定三个基础问题。

（一）情感分类的确定

本书模糊情感本体构建的研究是基于情感的多值逻辑考虑，到目前为止学术界对情感的划分并没有一个公认的标准，主要是因为人类的情感复杂多变并且人们对情感的认识还不够深入和全面。为了构建模糊情感本体的方便性和准确性，本书采用全长清和任福继（2010）的研究成果，将情感词的基础情感分为八类：期待、高兴、喜爱、惊讶、焦虑、悲伤、生气、讨厌；评价词的基础情感参考传统的二值逻辑分为正面（G）和负面（B）。由于情感的发展具有"绝对的变化性"和"相对的稳定性"，所以随着社会的不断发展，情感的分类也不是一成不变的。本书提到的情感分类体系也可以随着时间的推移不断修正，如增加一些分类来更准确地描述词汇的情感信息，具有一定的可扩展性。这样便于我们对情感词汇系统做一个全面的分析，为模糊情感本体的构建奠定基础。

（二）词的确定

词是可以独立运用的最小语言单位，而词义的内容却很丰富，除概念义外，还具有各种各样的色彩义，如感情义、古今义、雅俗义、语体义、修辞义等。感情色彩义是指由词体现出来的反映说话人对所指对象或有关现象的主观态度及各种感情。现有词汇资源是我们构建模糊情感本体的基础。

英文词汇资源方面，主要有 *General Inquirer*（GI）和 WordNet，其中 GI 词典（1966 年开发）是英文文本情感分析研究中常用的基础资源之一。该词典包含了 182 个词语类目以及 11788 个英语词汇。其中有 1915 个词汇标注了"褒义"属性，2291 个词汇标注了"贬义"属性。对于一个词语的多个义项，词典中将之作为不同条目列出，用于区分某个词语在特定义项或词性上体现的不同褒贬属性。例如英语词汇 kind 作为形容词时，具有褒义情感，而作为名词时则不具有这种情感倾向。GI 的构建依赖手工标注，这些手工标注的词语情感倾向信息成为许多实验和研究的基础。

中文词汇资源方面，国内还没有一部像 GI 词典那样可服务于文本情感分析的电子词典。可用于情感词词表构建的中文资源有以下 5 种。

（1）知网。知网是一个以汉语和英语词语所代表的概念为描述对象，以表示概念与概念之间以及概念所具有的属性之间的关系为基本内容的常识知识库。在知网中，词语的概念用"义原"来描述，其中部分词语的情感倾向可以由构成其概念的义原表示。目前已经在网上公布了情感词汇资源信息。分为主张词语（38 个）、正面情感词语（836 个）、正面评价词语（3730 个）、负面情感词语（1254 个）、负面评价词语（3116 个）和程度级别词语（219 个）。

（2）《现代汉语语法信息词典详解》（俞士汶，2003）。该词典构建的直接目的是实现汉语句子的自动分析与自动生成，是一部面向信息处理的电子词典。该词典将词汇按照句法功能予以归类描述并对词汇进行了丰富的语法属性描述。这部词典现已扩充到 8 万条词语，遗憾的是该词典对词汇的褒贬属性描述正在建设中。

（3）《学生褒贬义词典》（张伟，2004）。该词典收录了含有褒义或贬义的双音词、成语和惯用语共 1672 条，其中褒义词 728 条，贬义词 942 条，兼具褒贬义的词 2 条。包括形容词、名词、副词、动词，其中，形容词、名词和动词占大部分，它们的数量分别是 446 条、257 条和 393 条。该词典的优点在于每个词条不仅标注了词性和褒贬色彩（褒义和贬义），还为词条标注了感情特点（赞扬、喜爱、批评、厌恶）和近义词等信息。

（4）《褒义词词典》（史继林，2005）。该词典共收录了 5067 个词条。

（5）《贬义词词典》（杨玲，2005）。该词典共收录了 3495 个词条。

由于我们是在中文语境下进行的研究，目标是为中文文本的情感分析建立基础工具模糊情感本体，所以主要考虑中文词汇资源。从全面性和准确性的角度考虑，本书的研究将以知网为基础构建模糊情感本体。

知网是以汉语和英语词语所代表的概念为描述对象，以揭示概念与概念之间以及概念所具有的属性之间的关系为基本内容的常识知识库。对于汉语词汇，知网中的描述基于"义原"这一基本概念。义原，可以被认为是汉语中最基本的、不易于再分割的最小语义单位。由于汉语中"词"的含义非常复杂，往往一个词在不同的语境中会表达不同的语义，因此，在知网中把汉语中的词理解为若干义项的集合。知网的语义字典中，每条记录都是由一个词语的一条义项及其描述所组成，即一条记录对应一个词语的一个义项。例如"舒服"有三个义项：V BeWell|健壮；ADJ aValue|属性值，circumstances|境况，peaceful|和平；V satisfied|满意。近年来有不少学者利用知网中的结构和提供的语义资源进行了中文条件下的语义学研究。2007年知网发布了"情感分析用词语集"，包括中英文程度级别词语、中英文正面评价词语、中英文负面评价词语、中英文正面情感词语、中英文负面情感

词语还有中英文主张词语，为中文在线评论的情感分析提供了丰富的语义资源。

（三）情感本体的分类

通过对在线评论语料的分析，可以将情感本体分为两类，一类是消费者对产品及其特征发表的"肯定"或"否定"的评价，用来表达自己的观点或立场。通常以"特征－观点对"的形式出现，比如"性能超值""机身不错""服务到位""屏幕总死机"等。另一类是消费者对评论涉及的主题进行各种情感表达，这些情感可以是"期待""愉快""喜爱""惊讶""担忧""伤心""生气"等。比如，"这次购物我很高兴，机子的性能让我很吃惊，我挺喜欢。"

本书将表达第一类情感语义的词汇称为评价词，将表达第二类情感语义的词汇称为情感词。评价词和情感词以下统称情感词汇，两类情感词汇都是在线评论情感分析的基础。知网（2007 版）情感分析用词语集提供了正面评价词 3730 个，负面评价词 3116 个，正面情感词 836 个，负面情感词 1254 个。评价词是对产品及其特征发表的褒贬评价，词语形式多样，同时还具有众多网络新词汇；而情感词是评论者对特定主题的情感表达，所用词汇语义上具有相似性。所以，在构建情感模糊本体的过程中，本书将根据评价词和情感词各自的特点，采用不同的方法建立本体模型，如图 3－1 所示。

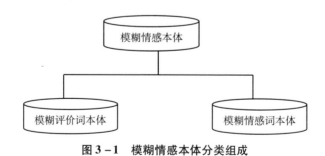

图 3－1　模糊情感本体分类组成

二、情感本体的结构设计

构建模糊情感本体的目标是：从语义层面上明确用户评论中表达情感的公认的术语，给出这些术语及其相互关系的明确定义，实现对用户情感语义的共同理解，进而实现对具有模糊性的中文微博评论情感语义的计算。

情感词汇是指带有感情色彩、表达用户褒贬倾向性的词语。情感词汇是判断评论情感的前提和基础，可以从多方收集，如实际的评论语料库、各类词典等。本书采用知网中情感分析用词语集作为情感词汇来源。

借鉴上节模糊本体模型构建模糊情感本体，首先对情感表达中的情感词汇进行抽象，得到独立于具体环境而存在的概念模型。然后根据情感词汇定义以及词汇之间关系的约束，特别是由于描述情感语义的模糊特性而建立的约束，制定明确的、无歧义的表示规则。这些表示规则反映了情感词汇中公认的知识，使得情感词汇通过本体语言编码可以被计算机读取和处理，建立了自然语言和计算机语言的关联。本书建立的情感词汇模糊本体作为将来中文微博文本情感分析的基础。

模糊情感本体（Fuzzy Emotion Ontology）模型通过一个三元组来描述，即 FEO =（B，R，E）。其中，B 表示词汇的基本信息，包括编号、词条、对应英语、词性、录入者和版本信息；R 表示词汇之间的同义关系，即该词汇与哪些词汇具有同义关系；E 代表词汇的情感类型和隶属度。比如：

FEO =（（008；仰慕；admiration；V；张三；知网 2007 版情感词汇集），（敬慕；爱慕；景仰），（喜爱；0.44））

（1）编号：关于情感词汇的顺序标记，便于情感词汇的索引。

（2）词条：指有情感内涵或直接表现情感的单个单词。本书采用知网的情感分析用词语集作为模糊情感本体的情感词汇来源。随着时代的发展，情感词汇也在不断增加，因此模糊情感本体模型中的词汇将会适时增加。对在线产品评论而言，同一评价词在对不同产品特征评价的上下文中通常表现出不同的情感类型，针对领域本体的建立本书会有不同的情感标注。

（3）对应英语：词条的英文表示，可以进行中英文对照。

（4）词性：同一词汇在不同的上下文里往往表现出不同的词性，不同的词性所表达的情感类和情感强度会有所不同，本书采用中国科学院计算技术研究所汉语词法分析系统（ICTCLAS, http：//ictclas.org/）进行词性标注。例如，张艺谋导演负担着 2008 年奥运会的开幕式的使命。其中"负担"属于 V，感情类就属于"期待"。再如，明天的期末考试是小明的一个负担。这里"负担"属于 N，感情类就属于"焦虑"。

（5）录入者：完成人工录入部分的人员姓名，以便于统计和查证。

（6）版本信息：表示建立的模糊情感本体词汇库的来源。

（7）同义关系词汇：体现本体中的关系，列出词条的同义词，同义词一般具有相同的情感类和情感强度。这里参照汉语字典中的同义词部分。

（8）情感类型：评价词的类型分两类，采用 G（好）、B（坏）表示。情感词的类型分八类，分别是期待、高兴、喜爱、惊讶、焦虑、悲伤、生气和讨厌。情感有积极和消极之分，即情感极性。上述八类情感中期待、高兴、喜爱属于积极情感，而伤心、生气和讨厌则属于消极情感，惊讶和焦虑在不同的语境下既可能表现为消极也可能表现为积极。本书将提取到的情感词分别与八类基本情感类进行比较，将隶属度最大的情感类作为此情感词的情感类。

（9）隶属度：隶属度的取值范围从 0 到 1，表明评价词或情感词对于某情感类型的归属程度。

三、基于模糊理论的评价词本体构建

由于评价词形式的多样性和不规则性，采用人工方法确定评价词类型的隶属度。本书以知网（2007 版）情感分析用词语集提供的 3730 个正面评价词和 3116 个负面评价词作为词汇来源，在此基础上建立评价词模糊本体库。一些新出现的网络评价词可能并不包含在知网（2007 版）情感分析用词语集中，为此，本书选择卓越亚马逊等电子商务网站中不同产品的评论作为语料来源，利用模糊评价词本体对语料库评价词进行人工标注，以补充评价词来源。还有一些评价词在不同的上下文中表达的褒贬性是不一样的，例如"这款液晶电视屏幕很薄"和"这件外套太薄了，不适合冬天穿"评价词"薄"在两个语境中的褒贬性是不一样的，前者显然是褒义，后者则带有贬义，为此本书在评价词模糊本体中对于有不同褒贬性的评价词，列举出多个褒贬度供参考。

本书采用模糊集合理论对评价词的情感语义进行量化处理。对评价词表现的褒贬程度在褒贬极性上分为正负各 4 个级别：S（少）、M（中）、L（大）、VL（极），没有极性的为 Z（无）；每个级别对应一个模糊隶属度函数，分别为 $-VL$，$-L$，$-M$，$-S$，Z，$+S$，$+M$，$+L$，$+VL$，本书统称为基本评价，并分别赋值为 -1，-0.75，-0.50，-0.25，0，0.25，0.5，0.75，1。模糊集评价词的褒贬极性分别用 G（好）、B（坏）表示。比如 $MG = (G; 0.50)$。

举个模糊评价词本体的例子：FEO = （（9；不错；good；a；张三；知网2007 版情感分析用词语集），（不坏；不赖），（G；0.50））

为保证标注的准确性，采用多人标注、集中分析的方法，即三人分别对同一评价词进行情感极性模糊化标注，然后汇总分析，若两人以上标注的结果一致，则赋予该情感强度，否则请第四人进行核对，直至得到一致结果。这里运用 kappa 统计方法来衡量人工标注的一致性（全长清，2010），统计公式如下所示。

$$k = \frac{P(A) - P(E)}{1 - P(E)} \qquad (3-1)$$

P（A）表示标注结果中两人以上标注一致性的比例，P（E）表示标注一致的偶然概率，这里用专家第一次凭直觉标注的一致性概率进行估计。本书从两个方面衡量评价词标注的一致性：（1）褒贬极性，G 或 B；（2）褒贬程度，－VL，－L，－M，－S，Z，＋S，＋M，＋L，＋VL。标注一致性如表 3 – 1 所示。

表 3 – 1　　　　　　　　　　　　　评价词标注一致性

褒贬极性（1）	褒贬程度（2）
0.95	0.75

资料来源：kappa 统计结果。

表 3 – 2 给出了评价词模糊语料库的一个实例。

表 3 – 2　　　　　　　　　　　　　评价词情感标注表实例

语料库	评价库	
	评价词	褒贬度
	理想	LG
	NB	MG
这手机价位比较理想，显示屏一般，性能有缺陷，待机时间无可救药了，机子倒比较轻。	一般	Z
	有缺陷	MB
	无可救药	VLB
	轻	SG

在人工标注基础上，模糊评价词本体摈弃知网（2007 版）的情感分析用词语集中不常用的生僻评价词，增加一些网络常用评价新词汇，最终的模糊评价词本体库包括 6862 个评价词词条，G 类 3715 个词条，B 类 3147 个词条，基本可满足 Web 文本的评价分析。

四、基于语义相似度的情感词本体构建

在线评论反映了消费者在购买使用产品和享受服务过程中的感受与体验。当消费者感知的产品或服务质量达到了期望水平，消费者就会表露出肯定的态度，产生满意、喜悦、愉快等情感；反之，则会表露否定的态度，产生不满、忧愁、憎恨等情感。本书采用一个向量来表示文本的情感：

$$\vec{d} = <e_1, e_2, \cdots, e_n> \qquad (3-2)$$

这里，e_i 是包含在文本 d 中的一个基本情感类。e_i 的情感强度取值范围为 $[0, 1]$。

为了减少情感分类的混乱并能包含在线评论中大部分的通用情感类，本书借鉴全长清的研究成果，挑选八种情感类（期待，高兴，喜爱，惊讶，焦虑，悲伤，生气，讨厌）用于情感词模糊本体构建中情感类型的确定。

隶属度的确定是一个主观性较强的过程，通常由语言学家人工判断。在这个过程会明显地受到语言学者的认知、经验等因素的影响。虽然可以通过征求多个专家的意见来减少这种主观性，但是人工的影响还是很明显。考虑到情感词本身在语义环境和结构方面具有相似性，本书将隶属度的计算视为情感词和情感类之间语义相似度的计算。在进行语义相似度计算时，将语义分成 4 部分："第一基本义原""其他基本义原""关系义原"和"符号义原"，语义 s_1，s_2 之间的相似度计算如下：

$$\text{sim}(s_1, s_2) = \sum_{i=1}^{4} \beta_i \prod_{j=1}^{i} \text{sim}_j(s_1, s_2) \qquad (3-3)$$

其中，$\beta_i (1 \leq i \leq 4)$ 是可调节的参数，且 $\beta_1 + \beta_2 + \beta_3 + \beta_4 = 1$，$\beta_1 \geq \beta_2 \geq \beta_3 \geq \beta_4$。

刘群提出词汇语义相似度算法，实现了义原之间语义相似度的计算（刘群，2002）。在义原语义相似度计算的基础上，可以实现词语相似度的计算。词语相似度定义为两个词语的所有义项相似度中的最大值，通过输入两个词语并分别选取确切的义项，在结果显示框中即可得到相似度的数值，

可作为某个情感词汇对于情感类的隶属度。

具体对话框界面如图 3-2 所示,举个例子,输入情感词"开心"和情感类"高兴",并分别选择相应的义项为"｛joyful｜喜悦｝"和"｛joyful｜喜悦｝",得到的输出结果为 1.00,即这两个词语的相应义项下的相似度为 1.00,也即情感词"开心"相对于情感类"高兴"的隶属度是 1.00。还可以直接在对话框中修改以下参数:α,β_1,β_2,β_3,β_4,γ,δ 使隶属度的取值更加合理。其中,α 为计算第一基本义原相似度时可调节的常数,γ 为具体词与义原的相似度常数,δ 为任一非空值与空值的相似度常数。

图 3-2 词汇语义相似度计算对话框

资料来源:基于《知网》的词汇语义相似度计算软件。

本书以知网(2007 版)情感分析用词语集提供的正面情感词 836 个,负面情感词 1254 个作为语料源建立情感词模糊本体库。一个情感词对于不同的情感类具有不同的隶属度,例如,情感词"开心"相对八种情感类具有不同的相似度:

"开心" vs 期待 0.24

"开心" vs 高兴 1.00

"开心" vs 喜爱 0.21

"开心" vs 惊讶 0.29

"开心" vs 焦虑 0.04

"开心" vs 悲伤 0.29

"开心" vs 生气 0.29

"开心" vs 讨厌 0.21

在这里，选取隶属度最大的情感类作为此情感词的情感类，隶属度最大值就是此情感词的隶属度，例如，"开心"的隶属度就是 1.00。如果存在隶属度相同的情况，就由人工选择最合适的情感类，这里"开心"的情感类选择"高兴"。

模糊情感词本体举例：

FEO = ((18；开心；happy；adj；张三；知网 2007 版情感分析用词语集)，(快乐；愉快)，(高兴；1.00))

最后构建的模糊情感词本体共包含 2090 个词条，其中属于八种基本情感类（期待，高兴，喜爱，惊讶，焦虑，悲伤，生气和讨厌）的词条数分别为 170、395、339、65、271、220、201 和 429 条。

本书通过点互信息（Pointwise Mutual Information）自动获取情感类的方法（徐琳宏等，2008）和搜索引擎结合标准化谷歌距离（Normalized Google Distance，NGD）算法获取情感类的方法（史伟等，2012）与本书通过情感词语义相似度计算自动获取情感类的方法进行比较。

（1）点互信息方法主要用来计算词语间的语义相关性，可运用该方法确定情感词和基本情感类的语义相关性进而确定情感词的情感类和强度，计算公式如式（3 - 4）所示。

$$PMI(w_i, s_j) = \log_2 \frac{P(w_i s_j)}{P(w_i)P(s_j)} \qquad (3-4)$$

这里 w_i 表示情感词，s_j 是基本情感类，$P(w_i s_j)$ 表示情感词和基本情感类在语料中共同出现的概率，选择互信息最大的那个情感类作为该情感词的基本情感类。所用语料是研究组从微博、论坛、电子商务网站、点评类网站和博客等下载的各种主观性文本。

（2）搜索引擎结合 NGD 算法获取情感类的方法，此方法笔者已在上一节用于本体构建中隶属度的确定中进行过探讨。该方法利用 NGD 算法，通过 Google 搜索各关键词，根据反馈的结果作为 NGD 计算的基础，进而得到情感本体中的隶属度值。NGD 算法如下所示。

$$NDG(x, y) = \frac{G(x, y) - \min(G(x), G(y))}{\max(G(x), G(y))}$$

$$= \frac{\max\{\log f(x),\ \log f(y)\} - \log f(x,\ y)}{\log N - \min\{\log f(x),\ \log f(y)\}} \qquad (3-5)$$

在这里，f(x) 表示待确定情感类的情感词的 Google 搜索结果，f(y) 可表示基本情感类的 Google 搜索结果，而 f(x, y) 表示两关键词同时放到 Google 中搜寻后两词同时出现的搜寻结果总数。N 表示 Google 索引的 Web 页面数。因此，可以得知这两个关键词同时出现的概率是多少，越趋近于 0 就表示这两词每次都会同时出现在同一份文件上，数值越大则表示出现率越低，也就是相关性越弱。

按惯例设 N 为 100 亿元，所以 NGD 算法得到的一般结果 NGD(x, y) ∈ [0, 1] 这与隶属度的取值一致；NGD 算法得到的结果可以表示几个关键词间的相关性，这里可用于表示模糊情感词本体构建中隶属度的确定；NGD 算法得到的数值越大则表示相关性越弱，而隶属度的数值越大则表示相关性越强。这里设模糊情感词本体隶属度（n）= 1 − NGD(x, y)。将知网中的情感词与八个基本情感类进行 NGD 计算和引擎搜索，选择隶属度最大的情感类作为待确定情感词的情感类。

随机从知网（2007 版）情感分析用词语集中选取 100 个情感词，经人工校正确定 100 个情感词的情感类作为基准值，情感类判别准确率 = 判别正确的词数/测试集总词数，PMI 方法和 NGD 方法在确定情感类方面的准确率同本书方法（语义相似度计算方法）的比较结果如表 3 − 3 所示。结果表明本书的方法在保证工作效率的前提下情感类确定的准确率更高，具有实际的应用前景。

表 3 − 3　　　　　　　不同方法情感类确定准确率比较

方法	PMI	NGD	本书方法
准确率（%）	82	84	86

五、数据统计

在线评论中不断有新词出现，模糊情感本体是一个动态的更新过程，在本书的构建过程中共收录 9952 个词条，各类情感（两种评价类和八种情感类）统计如表 3 − 4 所示。

情感类	G类 评价词	B类 评价词	期待	高兴	喜爱	惊讶	焦虑	悲伤	生气	讨厌
词汇数	3715	3147	170	395	339	65	271	220	201	429

表 3 – 4 　　　　　　　　　　　各情感类词汇数量　　　　　　　　　　单位：个

资料来源：模糊情感本体统计结果。

由表 3 – 4 可以看出，评价词的数量明显多于情感词的数量，这符合在线评论中对于商品/服务特征的评价要比用户情绪的表达要多的一般认识。两类评价词数量相差不大，而八种情感中"高兴"和"讨厌"两种极性明显的情感词较多，这说明用户在在线评论中情感表达一般比较明确。

评价词和各类情感词的强度分配如图 3 – 3 和图 3 – 4 所示，总体来看评价词的强度在 M 和 L 的词汇数量普遍高于其他强度等级的评价词汇，对于八类情感类来说处于 0.40 ~ 0.60 和 0.80 ~ 1.00 的情感词数量比较多。

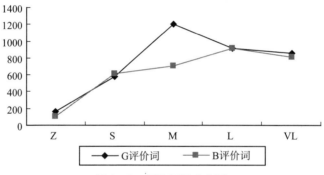

图 3 – 3　评价词强度分配

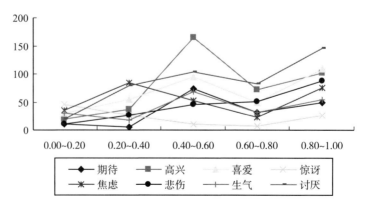

图 3 – 4　情感词强度分配

第二节 网络舆情情感词典构建与扩展

一、框架设计

公共卫生领域情感词典的设计框架如图 3 - 5 所示，主要包括四个部分。

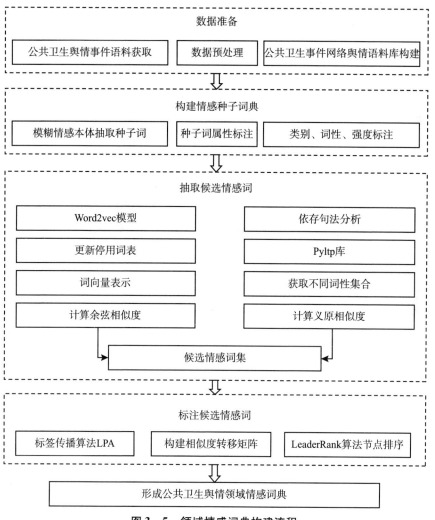

图 3 - 5 领域情感词典构建流程

（1）数据准备：基于 Python 爬虫完成网络舆情事件评论数据的采集，并对采集到的数据进行数据预处理，得到具有一定规模的公共卫生事件网络舆情语料库。

（2）构建情感种子词典：从模糊情感本体中抽取不同情感类种子词，并对种子词的情感词性、情感强度和情感种类重新进行标注，得到以三元组形式保存的情感种子词典。

（3）抽取候选情感词：基于 Word2vec 词向量模型生成词向量合集，计算词向量和情感种子词的余弦相似度，抽取大于设定阈值的词语作为候选情感词；基于依存句法分析得到不同词性的词语合集，计算不同词性合集的词语和情感种子词的义原相似度，抽取大于设定阈值的词语作为候选情感词。

（4）标注候选情感词：根据情感种子词典与候选情感词合集构建相似度关系图，利用标签传播算法和 LeaderRank 算法标注候选词的情感标签，经过筛选和过滤后得到公共卫生领域情感词典。

二、语料库构建

根据国务院颁布的《突发公共卫生事件应急条例》，公共卫生事件是指发生造成或者可能造成社会公众健康严重损害的重大传染疾病疫情、群体性不明原因疾病、重大食物中毒以及其他严重影响公众健康的事件。数据是科研实验的基础，本书以公共卫生舆情事件为关键词，从新浪微博上采集相关评论数据，构建公共卫生事件网络舆情语料库。

（一）评论数据采集

为了方便采集微博评论数据，本书归纳了一张公共卫生事件索引表，索引表中的话题事件是从社会热点平台"知微事见"中根据标签"社会"和"灾难"筛选后获取的，包括 80 余条热门话题事件，具体公共卫生事件索引表如表 3-5 所示。

表 3-5　　　　　　　　2015~2023 年公共卫生热门事件索引表

时间	公共卫生事件
2015 年	北京 pm2.5 爆表、杭州小学营养午餐被曝脏乱差、千吨走私冻肉流入中国、唯品会涉嫌销售假茅台

续表

时间	公共卫生事件
2016 年	上海假奶粉事件、重庆疫苗疑似"调包"事件、医疗垃圾被做成餐具、北京三无外卖村聚集百余黑店、山东威海毒豆芽流向学校、加工厂回收死虾做成虾仁、北医三院"问题气体"致盲事件、数亿元疫苗未冷藏流入 18 省份、央视曝光饿了么黑心作坊
2017 年	湖南桃江肺结核疫情、香港暴发 H3 甲型流感、吉林春芽幼儿园中毒事件、海底捞后厨卫生堪忧、三只松鼠开心果霉菌超标、网红"一笼小确幸"涉食品安全问题
2018 年	威海一小学食堂被指用"黑油"、福建泉州碳九泄漏事故、天津蓟州确诊非洲猪瘟、安徽幼儿园给孩子吃变质食物、高颜值冰皮月饼霉菌超标、拼多多黑作坊纸尿裤事件、高铁盒饭发霉、孕妇呼哺呼哺火锅里吃出老鼠
2019 年	武汉发现不明原因肺炎、武汉不明原因肺炎不能断定是 SARS、武汉肺炎未发现明显人传人现象、武汉不明原因肺炎已排除 SARS 病原、武汉不明原因肺炎病原体为新型冠状病毒、武汉 8 名不明原因肺炎患者出院、武汉 15 名医务人员感染新型冠状病毒、天津理工大学学生感染诺如病毒、北京确认接诊两例鼠疫病例、浙大通报 69 人因呕吐腹泻就诊、北京确诊一例人感染 H5N6 禽流感病例、张家口有害气体中毒事故、网红奥雪双黄蛋雪糕抽检不合格、甘肃省岷县发生非洲猪瘟疫情、江苏一医院 69 人感染丙肝、盒马大红肠大肠菌群超标、香港诊所给内地客人打水货 hpv 疫苗、无印良品饼干被曝含致癌物、江苏淮安金湖 145 名幼儿口服过期疫苗
2020 年	上海发现变异新冠病毒感染病例、安徽发现一批次国产鸡腿外包装阳性、多家知名品牌薯片被检出含致癌物、新疆喀什新增 137 例无症状感染者、江苏师大通报 22 名学生患肺结核、黑龙江鸡西"酸汤子"中毒事件、青岛一公司发现 2 例无症状感染者、四川乐山通报疑似化工厂泄漏、网红 DC 减肥药涉毒、内蒙古通报 1 例腺鼠疫死亡病例、安徽通报一例登革热病例、网红双蛋黄雪糕多次抽检不合格、新冠肺炎疫情已具有大流行特征、新冠肺炎传播途径含气溶胶传播、新冠肺炎死亡数已超 SARS、湖南发生一起家禽 H5N1 禽流感疫情、湖北启动一级响应、武汉封城、新型冠状病毒存在人传人现象
2021 年	西安出现多例出血热、辽宁一企业限电致煤气泄漏 23 人中毒、山东省出现炭疽死亡病例、央视曝光部分袜子致癌染料超标、四川一食品厂疑似有害气体中毒事件致 7 死、山东发现首例新冠变异毒株感染确诊患者、央视 315 晚会曝光河北养羊大县出现瘦肉精羊肉
2022 年	良品铺子月饼被曝吃出塑料、武汉大学出现一例霍乱病例、西安一幼儿园 200 余名儿童疑食物中毒、网曝长沙一幼儿园厨房蟑螂到处爬、河南省发现一例人感染 H3N8 禽流感病例、新冠病毒再现新变种毒株 XE、中国农业大学部分学生职工感染诺如病毒
2023 年	网友吃火锅菜品中发现蓝环章鱼、广东进入诺如病毒高发期

资料来源：知微事见事件库。

通过检索表 3 - 5 中的公共卫生事件，就能得到用户发布的相关微博信息。在检索过程中，我们发现某些关键词检索出来的微博并不都是与事件相关的微博，一些推广的微博也会被检索出来，这些微博内容与公共卫生事件毫无关系。因此，在数据采集阶段还需对获取到的数据进行鉴别，识别出与关键词事件相关的微博。

综上，编写网络爬虫的基本流程如下：

（1）将公共卫生事件以词汇 K_i 的形式保存在索引表 Key_List 中，遍历索引表中的词汇，将相关微博 URL 地址保存在 URL 数据库中；

（2）为了防止爬取页面重复，删除重复地址并抓取网页上相关的 HTML 资源；

（3）遍历 URL 数据库，根据需求设置 User-agent 和正则表达式等方式进行解析，过滤掉正文中不包含公共卫生事件关键词的微博，然后将各项数据存入数据库中；

（4）再次解析下一条 URL 地址直至 URL 数据库遍历结束。

（二）数据预处理

微博评论数据复杂多样，由于在数据采集阶段未对数据进行过滤，最终收集到的原始语料库中包含大量的图片、emoji 表情、英文符号、链接、注释等无效信息，这些信息会给后续研究造成困扰。因此，需要对原始数据进一步处理，具体步骤如下。

（1）过滤掉乱码的文本。由于微博终端形式多样，可能是不同客户端之间不兼容所导致的，无法对这些乱码信息进行后续研究。

（2）过滤掉仅包含英文字符的文本。中文和英文在语句结构、用法、时态等方面存在较大差别，本书主要研究中文评论下的网络舆情变化趋势，并且英文评论在新浪微博评论中占有一定比例，会产生噪音，影响情感分析结果。

（3）过滤掉特定功能符号。例如"@用户昵称""回复@""#超级话题#""@转发标志"等信息，这些功能符号对实验分析没有实际意义。

（4）过滤掉表情符号与图片。表情符号往往以中括号＋文字的形式保存，例如"［生气］""［感谢］""［可爱］"等；图片包含表情包、个性化图片等方式，但是经过数据采集后原图片将以"［图片评论］"的格式保存在数据库中，与研究内容无关。

（5）过滤掉 URL 链接。评论中包含的 URL 链接通常会跳转到其他页面，链接本身内容对研究并无直接意义。

数据预处理完成后，最终得到由 675862 条微博评论构成的公共卫生事件网络舆情语料库，数据主要参数如表 3-6 所示，包括用户 ID、用户所属地域、微博发表时间和微博内容。

表 3-6　　　　　　　　　　　语料库数据参数

用户 ID	用户所属地域	微博发表时间	微博内容
日光冲天	河北	1 月 16 日	这个太恐怖了，剧毒无比
LaLa 生活	上海	1 月 17 日	真是心大，太危险了
泡芙泡鲁达	云南	1 月 17 日	可怕，还好是个懂的人，遇上我这种不懂的，估计已经下肚了
不知道名字叫什么	甘肃	1 月 16 日	怎么办，密集恐惧
上官芥末 8376	广东	1 月 16 日	这真的是无良商家，看来以后在外面吃东西要认真检查一番才吃，不然吃了随时没命都不知道
西南鹰狼	广西	1 月 17 日	吃火锅都这么危险了吗

资料来源：微博数据库。

三、领域情感词典构建

情感词典作为情感分析任务的重要工具之一，其分类粒度和适用性直接决定了情感分析结果的准确性。其中，领域情感词典是针对特定领域内容量身定制的情感词典，具有明确的指向性和适用性，本书在通用情感词典的基础上进行扩充，构建面向公共卫生领域的情感词典，旨在提高该领域情感分析的准确性，为后续研究提供基础。研究内容主要包括筛选种子情感词、基于大规模网络舆情语料库抽取候选情感词以及对候选情感词进行属性标注。

（一）筛选情感种子词

由于种子情感词的特殊性，在选取种子情感词时应选择情感倾向显著且唯一的词语，本书选择上节介绍的模糊情感本体作为基础词典。情感本体是指情感领域中存在着的对象类型或概念及其相互之间关系的形式化表达，模糊情感本体是根据自然语言和情感的模糊属性，基于知网面向在线评论所建立的情感词典，它将情感分为期待、高兴、喜爱、惊讶、焦虑、悲伤、生气和讨厌八类。模糊情感本体包含模糊情感词本体和模糊评价词本体，其中模糊情感词本体收录了 2090 个表达情感的词语，而模糊评价词本体收录了 6862 个表达自己观点或立场的词语。

首先，统计各情感类的情感词在公共卫生事件网络舆情语料库中的出现频次，提取排名前 10 的词语作为各情感类的种子词；其次，对选取的情感种子词进行情感属性标注，包括情感类别、词性和情感强度。传统的情感词典将情感极性分为积极、中性和消极，本书遵循模糊情感本体中的情感分类，积极情感类包括期待、高兴、喜爱和惊讶，消极情感类包括焦虑、悲伤、生气和讨厌；词性包括名词（noun）、动词（verb）、形容词（adj）、副词（adv）和成语（idiom）；积极情感词强度范围为［1，4］，消极情感词强度范围为［-4，-1］，数字越大表示情感强度越强。由于情感属性具有一定的人为主观性，故采用多人标注的方法，即三位不同标注者对同一单位进行标注，当两人标注结果一致时，采取该方案进行标注；当标注结果不一致时，结合第三位标注者的标注结果，采取多数一致的方案进行标注。最后得到的情感种子词如表 3 - 7 所示，每个情感词以三元组的形式保存。

表 3 - 7　　　　　　　　　　　　种子情感词

情感词	属性	情感词	属性	情感词	属性
期望	［期待，verb，4］	牵挂	［喜爱，verb，2］	悲痛	［悲伤，noun，-2］
欢迎	［期待，verb，4］	新奇	［惊讶，noun，1］	指责	［生气，verb，-3］
欢呼	［高兴，verb，3］	怀疑	［惊讶，verb，1］	严肃	［讨厌，adj，-4］
爱惜	［喜爱，verb，2］	苦恼	［焦虑，verb，-1］	忽视	［讨厌，verb，-4］

（二）抽取候选情感词

本书抽取候选情感词主要有两种方式：基于 Word2vec 词向量训练模型生成词向量合集，计算词向量合集和情感种子词的余弦相似度，抽取大于设定阈值的词语作为候选情感词；基于依存句法分析得到不同词性的词语合集，计算词语合集和情感种子词的义原相似度，抽取大于设定阈值的词语作为候选情感词。

（1）基于词向量训练模型抽取候选情感词。2013 年 Google 发布了基于深度学习的开源词嵌入工具 Word2vec 模型（Mikolov T，2013），该模型包含两层神经网络，将词语以词向量形式在高维向量空间表示，进而预测词与词之间的相似性。Word2vec 包含两种训练模型：连续词袋模型和连续跳字模型，前者是使用上下文词的信息去预测中心词的概率；后者是通过中心词来预测上下文词出现的概率，并且在大型语料库上表现较好。

CBOW 模型可能会出现向量稀疏等问题，因此本书采用 Word2vec 模型中的 Skip-gram 模型进行词向量构建，Skip-gram 模型训练参数设置如下：词向量维度设定为 128，词语近邻窗口设定为 5，词向量最小词频设定为 5。

首先，需要对语料库进行文本分词。常用的工具有：jieba 分词、THU-LAC、NLPIR、HanLP 等，其中 jieba 分词是优秀的中文分词第三方库，也是目前比较成熟且应用广泛的分词工具；THULAC 是清华大学自然语言处理与社会人文计算实验室研发的一套中文词法分析工具包；NLPIR 是由北京理工大学大数据搜索与挖掘实验室张华平博士主导的大数据语义智能分析平台。表 3 - 8 为这三种分词工具的对比。

表 3 - 8　　　　　　　　　　分词工具对比

对比指标	jieba 分词	THULAC	NLPIR
支持语言	Java、C + +、Python	Java、C + +、Python	Java、C、C#
词性分析	有	有	有
繁体分词	有	无	有
频率统计	有	无	有
是否开源	是	是	是

通过对比，本书选择 jieba 分词工具进行文本分词处理，理由如下：一是三种分词工具都为开源分词工具，但是仅有 jieba 和 THULAC 支持 Python 语言，语言处理模型相对简单；二是 jieba 分词工具在分词过程中结合了基于词典的分词方法和基于统计的分词方法，分词速度较快；三是 jieba 分词工具支持三种分词模式：精确模型、全模式和搜索引擎模式，可以覆盖各任务所需的分词需求。

其次，还需从分词后的文本中去除停用词。分词后的文本中存在较多无意义的连词和语气助词，如"的""啊""吧""吗"等词语，去除这些词语对文本情感分析没有实际的影响。本书结合百度停用词表、哈工大停用词表、四川大学机器智能实验室停用词表对 jieba 停用词表进行补充，最终得

到的停用词文档 stopwords. txt 包括 3137 个停用词。经过上述方法处理后的
数据效果如表 3 - 9 所示。

表 3 - 9   数据预处理效果

原文本	jieba 分词后	去除停用词后
感觉这个世界随时都要崩塌	感觉/这个/世界/随时/要/崩塌	感觉/世界/崩塌
我的妈呀，大家都要注意安全	我/的/妈呀/，/大家/都/要/注意/安全	注意/安全
希望同学们都健健康康的	希望/同学/们/都/健健康康/的	希望/健健康康
总之都得多小心，希望大家都平安顺遂	总之/都/得/多/小心/，/希望/大家/都/平安/顺遂	小心/希望/平安/顺遂

在 Word2vec 模型设定下，两个中心词和语义相近和这两个中心词能预
测出相似的上下文向量是等价的，从而得出 Word2vec 模型可以用余弦值衡
量语义相似度。因此本书利用设置好的 Word2vec 词向量模型进行训练，得
到每个词语的词向量表示，再计算各词语的词向量与情感种子词的余弦相似
度来评估两个词语的相似度，即向量之间的夹角余弦值。余弦相似度计算公
式如式（3 - 6）所示。

$$\text{Sim}_{\text{w2v}}\ (\text{word1}，\text{word2}) = \frac{\sum_{i=1}^{n}\text{word1}_i\text{word2}_i}{\sqrt{\sum_{i=1}^{n}\text{word1}_i^2}\sqrt{\sum_{i=1}^{n}\text{word2}_i^2}} \quad (3-6)$$

其中，word1，word2 分别表示两个词语，经过 Word2vec 模型训练后映
射为 n 维向量，n 表示维度，word1$_i$ 和 word2$_i$ 分别表示第 i 个维度上的值。
由于余弦值越接近 1，表明夹角越接近 0 度，说明两个向量越相似，因此需
要对余弦值结果进行筛选，设定相似度阈值为 0.7，选择余弦值大于 0.7 的
词语作为候选情感词。

（2）基于依存句法分析抽取候选情感词。依存句法分析是自然语言处
理的关键技术之一，其目标是对文本各单元之间的关系进行描述，从而发现
评论对象和关键词之间的对应关系，这些关系包含主谓关系、动宾关系、间
宾关系等，但每一个句子中仅有一个核心关系。目前，依存句法分析主要有
两种方式：基于图的依存句法分析和基于转移的依存句法分析，前者利用普
里姆算法（Prim）及相关算法找到最大生成树（MST）作为依存句法树，

然后整棵树的分数分解为每条边上的分数之和，最后在图上搜索出最优解；后者使用 Arc-Eager 转移系统将一棵依存句法树的构建过程表示为两个动作，如果机器学习模型根据句子中某些特征准确地预测出这些动作，那么计算机根据这些动作就能拼装出正确的依存句法树。由于传统机器学习所依赖的特征较稀疏，训练算法需要在整张图上进行全局的结构化预测，基于图的依存句法分析器往往面临运行开销大的问题，因此，基于转移的方法在传统机器学习框架下显得更加实用（潘浩，2019）。

Arc-Eager 转移系统由四个部件组成，包括系统状态集合、所有可执行的转移动作的集合、初始化函数和一系列终止状态。系统状态以三元组的形式构成：C =（α，β，A），其中 α 表示一个存储单词的栈，β 表示存储单词的队列，A 为已确定的依存弧的集合。相关转移动作如表 3 - 10 所示。

表 3 - 10　　　　　　　　Arc-Eager 转移系统的转移动作集合

动作名称	转移条件	说明
Shift	队列 β 为空	将队首单词 i 压栈
LeftArc	栈顶单词 i 没有支配词	将栈顶单词 i 的支配词设为队首单词 j，即 i 作为 j 的子节点
RightArc	队首单词 j 没有支配词	将队首单词 j 的支配词设为栈顶单词 i，即 j 作为 i 的子节点
Reduce	栈顶单词 i 已有支配词	将栈顶单词 i 出栈

例如文本"大家做好防护"，Arc-Eager 转移系统的执行步骤如表 3 - 11 所示。

表 3 - 11　　　　　　　　Arc-Eager 转移系统的执行步骤

编号	α	转移动作	β	A
0	[]	初始化	[大家，做好，防护，虚根]	{}
1	[大家]	Shift	[做好，防护，虚根]	{}
2	[]	LeftArc（主谓）	[做好，防护，虚根]	{大家 ←主谓— 做好}

续表

编号	α	转移动作	β	A
3	[做好]	Shift	[防护，虚根]	{大家 ←主谓 做好}
4	[做好，防护]	RightArc（动宾）	[虚根]	{大家 ←主谓 做好，做好 →动宾 防护}
5	[做好]	Reduce	[虚根]	{大家 ←主谓 做好，做好 →动宾 防护}
6	[ ]	LeftArc（核心）	[虚根]	{大家 ←主谓 做好，做好 →动宾 防护，做好 ←核心 虚根}

此时集合 A 中依存弧为一棵依存句法树。从语法结构上看，语句中的评论对象通常作为主语或宾语出现（主谓结构或动宾结构），情感词常表现为动词或修饰词出现在短语中，如"希望大家都没事——希望""大家注意安全——注意"，所以在对语料进行依存关系分析时应主要提取主谓关系、动宾关系和修饰关系的词语对，相关词性关系如表 3 - 12 所示。

表 3 - 12　　　　　　　　　　词性关系

标签	关系类型	举例
SBV	主谓关系	我害怕这次疫情（我 < - 害怕）
VOB	动宾关系	我害怕这次疫情（害怕 < - 疫情）
ATT	定中关系	日常防疫（日常 < - 防疫）
COO	并列关系	不要慌张和松懈（慌张 < - 松懈）

注：右侧符号为不同关系类型的词语连接符。

本书基于 Arc-Eager 转移系统和开源的 Pyltp 模块对公共卫生事件网络舆情语料进行依存句法分析，根据依存句法树提取具有主谓关系、动宾关系和修饰关系的词并保存到相应的词性合集中。然后引入知网提出的"义原"概念，计算动词集合、宾语集合和定语集合中的词语与情感种子词的义原相似度，计算过程如式（3 - 7）所示。

$$Sim_{LTP}(S_1,\ S_2)=\frac{Min(depth(S_1),\ depth(S_2))}{Min(depth(S_1),\ depth(S_2))+dis(S_1,\ S_2)} \qquad (3-7)$$

其中 $Sim(S_1,\ S_2)$ 表示两个义原之间的相似度，取值范围为 $0\sim1$，值越大代表两个义原相似度越高，$dis(S_1,\ S_2)$ 是两个义原之间的距离，$Min(depth(S_1),\ depth(S_2))$ 为两个义原深度的较小值。设定相似度阈值为 0.7，抽取大于阈值的词语作为候选情感词。

四、情感词属性标注

在得到候选情感词之后，还需要对候选情感词进行情感属性标注。本书将情感种子词和候选情感词进行节点化来构建图网络模型，引入标签传播算法更新候选情感词的情感属性。标签传播算法是基于图的半监督学习算法，有学者首次将标签传播算法应用于复杂的社区检测领域（Raghavan U N，2007），随后 LPA 也在特征发现、情感词典构建等领域得到广泛应用。LPA 算法的核心思想是相似的数据应该具有相同的标签，利用节点间关系建立图模型，图中各节点的连线表示节点之间的"关系强弱"，通过不断迭代完成标签传播，每个节点选择相邻节点中标签数量最多的标签来更新自己的标签，当相邻节点中标签数量最多的标签不止一个时，会随机选择一个标签作为该节点的标签。

本书取种子词与候选词的相似度作为边的权重，词语情感强度作为节点的标签组建一个相似度关系图，即在传播过程中，节点与相邻节点的相似度越大，则节点被相邻节点标注的影响权重越大，节点的标签越趋于一致。由于本书分别从 Word2vec 模型和依存句法分析中得到的种子词和候选词之间的相似度可能并不唯一，因此取其平均值作为词语之间的相似度。

但是上述方法在标签传播结果中具有随机性，容易导致每次迭代产生不同的结果，如图 3-6 所示。图中节点 A、B、C、D 的标签均不同，第一次迭代时节点 C 随机选择一个邻居节点的标签（如 A），第二次迭代时节点 D 也根据邻近节点标签数来确定自身的标签，相邻节点中标签数最多的是 A，因此节点 D 选择与节点 A 相同的标签，以此类推，最后网络中全部节点都被标注上节点 A 的标签，这与实际情况不符。

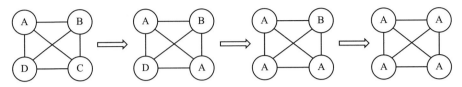

图3-6 标签传播算法（LPA）的随机性

资料来源：Raghavan U N，Albert R，Kumara S. Near linear time algorithm to detect community structures in large-scale networks ［J］. Physical review E，2007（3）：1-12.

为了降低标签传播过程中的随机性，本书对标签传播算法中标签随机选择部分提出改进，引入 LeaderRank 算法量化网络中节点的重要性，再根据量化结果对节点传播顺序进行排序。LeaderRank 算法是基于 PageRank 算法改进的一种节点重要性排序算法，该算法不需要额外的参数，减少了算法复杂度和参数对准确性的影响，使得 LeaderRank 算法更加适用于探索复杂网络中的重要节点。通过在原网络中加入一个公共节点 G，使得该节点成为与其他节点相互连接的背景节点，将原网络变成流通性更强的强连接网络。

计算各节点之间的转移概率，假设图中共有 n 个节点，定义一个 n×n 的相似度概率矩阵 P，转移概率计算方法如式（3-8）所示。

$$P_{ij} = \begin{cases} \dfrac{Sim(S_i, S_j)}{\sum_{k=1}^{n} Sim(S_i, S_k)} & \text{相似度唯一} \\[4mm] \dfrac{Sim_{w2v}(S_i, S_j) + Sim_{LTP}(S_i, S_j)}{2\sum_{k=1}^{n} Sim(S_i, S_k)} & \text{相似度不唯一} \end{cases} \quad (3-8)$$

其中，P_{ij} 表示节点 i 和节点 j 之间的转移概率，$Sim(S_i, S_j)$ 表示节点 i 和节点 j 之间的相似度。为图中除公共节点 G 以外的所有节点分配 1 单位 LR 值，公共节点 G 分配 0 单位 LR 值，然后使用式（3-9）计算收敛时每个节点的 LR 值。

$$LR_i(t+1) = \sum_{j=0}^{N} P_{ij} LR_j(t) \quad t = 0, 1, 2, \cdots \quad (3-9)$$

其中，t 为收敛次数，N 为网络中除公共节点 G 以外的节点总数，i、j 表示不同的节点。初始状态下公共节点 $LR_g(0) = 0$，剩余节点 $LR_i(0) = 1$，P_{ij} 表示节点 i 向节点 j 的转移概率。

将收敛时公共节点 G 的 LR 值平均分配给网络中的每个节点，得到所有节点的 LR 值，计算过程如式（3-10）所示。

$$LR_i = LR_i(t+1) + \frac{LR_g(t+1)}{N} \qquad (3-10)$$

其中，$LR_g(t+1)$ 表示公共节点 G 在收敛时的 LR 值。将所有节点按照 LR 值由高到低排序，并按照 LR 值的排序更新每个节点的标签。

五、领域情感词典扩展

基于上述方法，公共卫生领域情感词典构建与扩展过程如下：

（1）基于模糊情感本体抽取情感种子词；

（2）基于 Word2vec 词向量模型和依存句法分析计算词语相似度并抽取候选情感词；

（3）结合情感种子词和候选情感词构建图网络 G =（N，E），N =｛N₁，N₂，…，Nₙ｝表示节点的集合，E =｛E₁，E₂，…，Eₙ｝表示节点之间的边的集合；

（4）根据节点之间的相似度计算标签的转移概率 P，构建相似度概率矩阵 T，引入公共节点 G，计算所有节点的 LR 值并由高到低排序；

（5）在遍历全部节点过程中，选择词语情感强度 S 作为节点标签。当更新节点 y 的标签时，获取节点 y 对应的邻近节点及标签信息，找到出现次数最多的标签作为节点 y 的标签；若出现次数最多的标签不止一个，则按照邻近节点 LR 值的排序更新节点 y 的标签；

（6）在每轮迭代中保持种子词的标签信息不变，经过不断迭代，直到图中所有节点的标签不再发生变化，否则重复第五步；

（7）迭代过程结束后，将所有节点及其标签信息放入候选情感词集 U，对获得的情感词汇进行进一步的过滤和筛选，剔除明显非情感词汇的语料，提升词典的准确率，人工标注情感词词性后，得到公共卫生舆情领域情感词典。

经过上述过程，最终得到的公共卫生舆情领域情感词典包含 1263 个情感词，将其分为八类：期待、高兴、喜爱、惊讶、焦虑、悲伤、生气和讨厌，情感词典详细信息如表 3 – 13 所示。

表 3 – 13 公共卫生舆情领域情感词典

情感类别	情感词个数	情感词及三元组举例
期待	184	［迎来，verb，4］［许愿，verb，4］［渴望，verb，4］……
高兴	412	［胜利，noun，3］［信仰，noun，3］［自豪，verb，3］……
喜爱	342	［守护，verb，2］［天使，noun，2］［拥抱，verb，2］……
惊讶	70	［离谱，adj，1］［奇迹，noun，1］［震撼，adj，1］……
焦虑	292	［忧愁，verb，−1］［惨痛，adj，−1］［焦躁，verb，−1］……
悲伤	234	［心痛，noun，−2］［惭愧，verb，−2］［无情，adj，−2］……
生气	207	［造假，verb，−3］［浪费，verb，−3］［严厉，noun，−3］……
讨厌	436	［贬低，verb，−4］［奇葩，noun，−4］［致命，adv，−4］……

第三节 本 章 小 结

本章针对在线评论情感词汇，根据自然语言和情感的模糊属性，并基于知网提供的评价词和情感词，借鉴模糊本体模型，采用不同的方法分别建立了模糊情感本体，构建的中文模糊情感本体包括 6862 个评价词词条和 2090 个情感词词条，并分别赋予了相应的隶属度。基于构建的情感本体设计了公共卫生舆情领域的情感词典与自动扩展方法，通过编写 Python 爬虫程序查询和采集新浪微博上关于公共卫生事件的评论数据，过滤掉乱码文本、英文文本、功能符号、表情符号、图片评论等操作完成对评论数据的预处理，得到具有一定规模的公共卫生事件网络舆情语料库。基于 Word2vec 词向量训练模型和依存句法分析从公共卫生舆情语料库中抽取候选情感词，将种子情感词和候选情感词节点化构建图网络模型，采用标签传播算法更新候选情感词的情感属性。针对标签传播算法的缺点进行改进，引入 LeaderRank 算法计算节点的重要性并进行排序，按照排序结果更新情感标签，最终得到面向公共卫生舆情领域的情感词典。本章构建的领域情感词典拥有较强的领域性，对开展该类舆情事件的分析和研究具有重要的价值和意义。

第四章 文本特征识别与情感语义分析

第一节 基于情感圈的文本情感语义分析

微博情感分析已经引起了人们的广泛关注，因为微博为人们表达对各种话题的看法和态度提供了平台。微博中的信息主要是以短文本的形式存在，微博短文本情感分析的方法主要集中于个体微博情感的识别（即单条微博级情感检测）。一般而言，目前的微博文本情感检测工作主要采用两种方法：基于机器学习的方法和基于词典的方法。

机器学习方法需要为情感分类器学习训练数据。在微博中，训练数据有些通过情感符号假设微博的极性（正面、负面和中立），有些则从情感检测网站返回的结果中获得共识。而且监督方法是领域依赖的，需要对新的数据进行重新训练。鉴于微博中不断涌现的不同主题，领域依赖限制了这种方法的应用。基于词典的方法则不需要训练数据，它们使用所有情感词汇加权来确定给定文本的整体情感倾向。这些方法在常规文本中显示出其有效性（Liu. B，2010）。然而，传统的词汇往往不适合微博文本的分析，因为微博文本中包含大量的畸形词和口语表达（例如"ky""ssfd""猴腮雷"）。此外，许多基于词典的方法还利用句子的词汇结构来确定其情感，这在微博中是有问题的，因为微博一般都是短文本，非语法的句子非常常见。为了克服这些问题，史伟等（2015）构建了一种基于情感本体和语义的社交化短文本情感分析方法，即 EOSentiMiner。虽然构建的 EOSentiMiner 和情感本体在相应的数据集中取得了良好的情感分析效果，但是和其他基于词典的方法类似，其中的情感本体同样面临两个主要的问题。首先 EOSentiMiner 的准确性召回率受限于情感本体中的固定词集，情感本体中没有的词语在情感分析中就很难被考虑，这在处理微博文本时会成为一个问题，因为微博中新的表达和隐语不断涌现。更为重要的是，EOSentiMiner 提供的是固定的、上下文语境无关的情感词的极性和强度。但是在很多微博文本中不同的词语在不同的上下文语境中却表现出不同的情感极性和强度。比如下面两个文本"这款手机价格真便宜啊"和"这款手机的设计真便宜"，其中情感词"便宜"在两个文本中体现出不同的情感极性和强度。因此，获取情感词极性和强度在上下文语境中的变化，并以此构建更为准确和高效的微博情感分析系统成为本书的主要动机。

本节的其余部分安排如下：第一部分提出了词语的情感圈表示；第二部分描述了如何应用情感圈进行情感语义分析；第三部分和第四部分分别介绍了实验的设置和结果分析。

一、词语的情感圈表示

这部分主要介绍情感圈方法和应用它进行词语的上下文语义和情感捕获的过程。情感圈方法主要是从词语的上下文语义中获取它的情感倾向。此方法认为词汇的情感不是如传统基于词典的方法是固定和静止的，词汇的情感是依赖于词汇的上下文，比如依赖它的上下文语义。我们将上下文语境定义为一个文本库或一组微博集。为了获取词语的上下文语义，遵循如下分布假说：在相似上下文语境中出现的词语往往具有相似的意义（Turney et al.，2010）。因此，在该方法中词语 m 的上下文语义是通过它与其他词语的共现模式计算出来的。

图 4-1 描述了提出方法的系统工作流程，可以概括为如下几个步骤。

（1）词语索引：这个步骤主要从微博文本集中创建词语索引。多个文本处理的程序被应用到这个过程中，比如：对在空白边界上的个别词进行分离；从词语中去除所有非文字的数字字符；去除 1208 个标准停用词，包括常见的一些动词；为了避免垃圾信息和其他不相关的微博信息，从微博中过滤掉额外的链接，如含有"http:"或"www."的表达和用户的名字（用符号@标志的）；移除"回复""转发微博"等词和转发的内容（只是转发没有增加任何评论的帖子）；基本词性标注（POS）和否定处理。

（2）词语上下文语境向量的生成：这一步骤主要将词语 m 表示成由微博语境中所有的词语所组成的一个向量（即与词语 m 同时出现在相同的语境中）。

（3）上下文语境特征的生成：为每一个词语计算其与语境中其他词语的相关度。同时使用外部情感本体为这些语境中的词语分配初始情感值。

（4）情感圈的生成：这个步骤将 m 的词语语境向量转换为 2D 几何圆，它由表示 m 的上下文语境词语的点组成。每个语境词语在圆中的位置是基于它的角度（由其先前的情感决定）和它的半径（由它和词语 m 的相关度决定）决定的。

（5）情感识别：本书主要利用情感圈上的几个三角恒等式在实体级或微博级进行情感识别。

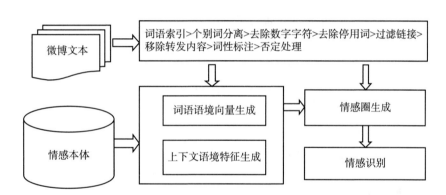

图 4 - 1　基于情感圈的情感分析方法系统工作流程

定义（词语上下文语境向量）：给定一组微博文本集 T，一个词语 m 的语境向量为向量 $\vec{c} = (c_1, c_2, \cdots, c_n)$，c 是在 T 的任何一条微博文本中与词语 m 共同出现的语境词语。M 的语境语义是由它与每个语境词语 $c_i \in \vec{c}$ 的语义关系决定的。通过计算 c_i 的如下两个主要特征，确定 m 和语境词语 c_i 间的语义关系。

（1）先验情感值：基于已经构建的情感本体，确定每个语境词 c_i 的初始情感值。

（2）词语的相关度（CDOT）：这个特征表示词语 m 和它的语境词语 $c_i \in \vec{c}$ 的相关程度（即 c_i 相对于 m 的重要程度）。参考 TF-IDF 加权方法，该特征值的计算方法如下：

$$CDOT(m, c_i) = f(c_i, m) \times \log \frac{N}{N_{c_i}} \tag{4-1}$$

其中，$f(c_i, m)$ 为 c_i 和 m 共同出现在微博文本中的次数，N 是微博文本中所有词语的总数，N_{c_i} 是微博文本中所有 c_i 的总数。

（一）语义的情感圈表示

现在每个词语 m 都有一个上下文语境词 $\vec{c}$ 的向量以及 m 和 $c_i \in \vec{c}$ 之间的两种语义相互特征。根据这些信息，将词语 m 的上下文语义表示为一个几何圆——情感圈，其中词语 m 位于圆的中心，围绕它的每个点表示语境词 c_i。c_i 的位置由它的先验情感和词语相关度（CDOT）共同决定。使用这种圆形表示词语上下文语义，主要基于它能提供三角属性评估词语的情感极性和强度，还能够分别计算上下文词语对目标词语的情感极性和强度的影响，这是传统的向量表示方法难以做到的。情感圈在极坐标系统中可以用如下公式表示：

$$r^2 - 2rr_0\cos(\theta - \phi) + r_0^2 = a^2 \tag{4-2}$$

其中，a 是圆的半径，(r_0, ϕ) 是圆中心的极坐标，(r, θ) 是一个语境词语在圆上的极坐标。为简单起见，假设情感圈的中心在原点（即 $r_0 = 0$）。

因此，要为词语 m 构建一个情感圈只需计算语境词语 c_i 的半径 r_i 和角度 θ_i。这里用 c_i 的先验情感值 PS（Prior Sentiment）和词语相关度（CDOT）表示如下：

$$r_i = CDOT(m, c_i)$$
$$\theta_i = PS(c_i) \times \pi \tag{4-3}$$

在一个情感圈中将所有词语的半径都标准化为 $0 \sim 1$。因此任何一个情感圈的半径 a 都是 1，同样所有角度值都是弧度。情感圈在极坐标系中可被分为四个情感象限，如图 4 - 2 所示。其中位于两个上象限里的词语具有正面情感（$\sin\theta > 0$），左上象限表示更强的情感，因为它比右上象限中的词语具有更大的角度值。同样位于两个下象限里的词语具有负面情感值（$\sin\theta < 0$）。尽管对于任何一个词语 m 的情感圈的半径都等于 1，但是表示 m 语境词语的各点在圆中的半径就各不一样了（$0 \leqslant r_i \leqslant 1$），半径的大小反映语境词语对于 m 的重要性，这里定义半径越大，就表示语境词语对于 m 越重要。

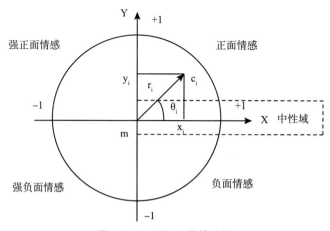

图 4 - 2　词语 m 的情感圈

可以通过使用三角函数正弦和余弦将极坐标系转换到平面直角坐标系（笛卡尔坐标系）。如式（4 - 4）所示，将坐标系转换为笛卡尔坐标系后就可以使用圆的三角形属性对词语的上下文语义进行编码，以此作为情感极性和情感强度值。在笛卡尔坐标系中的 Y 轴表示词语的情感极性，即如果 y 为正值则表示为正面情感，反之亦然。X 轴表示词语的强度，x 值越小，则情感越强。此外，还定义了一个叫作"中性域"的小区域，如图 4 - 2 所示。这个区域位于"正"和"负"象限中非常接近 X 轴的位置，位于该区域的词语情感非常弱（即 $|\theta|\approx0$），这个"中性域"在对给定情感圈进行整体情感衡量时具有关键的作用，后文会有介绍。在极端情况下，当 $r_i=1$ 和 $\theta_i=\pi$ 同时发生，语境词语 c_i 是位于"非常正"还是"非常负"象限，主要是基于其先前的情感极性。

$$x_i = r_i \cos\theta_i \qquad y_i = r_i \sin\theta_i \qquad (4-4)$$

图 4 - 3 表示实体"华为 P20"的情感圈。情感圈中词语（即点）所在的位置表示了它们对于实体"华为 P20"的情感值和重要性（相关度）。位于情感圈上半部分的点（菱形）表示带有正面情感的词语，而下半部分的点（圆形）则表示带有负面情感的词语。例如情感圈中的"爱"具有正面情感和比较高的重要性，因为表示"爱"的点位于强正面情感象限，离原点"P20"的距离也较远。词语"生动"也具有正面情感，但它的情感强度和重要性都不如词语"爱"，因为表示"生动"的点位于正面情感象限，而且离原点"P20"的距离较近。

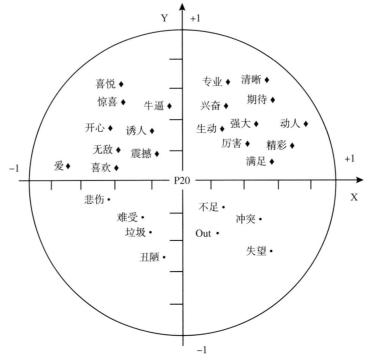

图 4 - 3　"华为 P20"的情感圈

（二）情感圈中的否定和程度表达处理

当构建情感圈时，如果词语 t 周边有否定表达出现，则 t 的相关情感值 SO_t 在情感圈构建中取反，参考史伟（2015）的处理方式，从知网中人工抽取 22 个否定词，当句子中出现满足规则的否定词时，则利用式（4 - 5）对词组的情感类进行调整。本书为情感词上下文设置了一个大小为 5 的检测窗口。若在检测窗口内出现否定词，就对词语情感极性取反。

$$SO_t = (-1)^n \times SO_t' \qquad (4-5)$$

其中，SO_t' 为词语 t 在情感本体中的原始情感值；n 为满足否定规则时对于词语 t 而言否定词的出现次数。例如微博"我对这款华为 P20 不满意"，其中情感词"满意"（情感本体中的情感值为 0.44，情感类为高兴）前有否定词，则它的情感值为 $(-1) \times 0.44 = -0.44$，属于情感类"高兴"的强度是 -0.44。

当构建情感圈时，如果词语 t 周边有程度表达出现，则 t 的相关情感值

SO_t 在情感圈构建中进行相应的调整，为了准确衡量微博的情感强度，在情感词的上下文设置一个检测窗口，本书采用的窗口大小为5。如果在检测窗口内有程度词出现，则按程度词的等级差别相应增加情感词的情感强度。从知网中抽取60个程度词并将其分成7类，具体设置如表4－1所示。

表4－1　　　　　　　　　　　　程度词赋值

	1.5	最、最为、极、极为、极其、极度、极端
程度词	1.4	太、至、至为、顶、过、过于、过分、分外、万分、何等
	1.3	很、挺、怪、老、非常、特别、相当、十分、甚、甚为、异常、深为、蛮、满、够、多、多么、殊、何其、尤其、无比、尤为、超
	1.2	不甚、不胜、好、好不、颇、颇为、大、大为
	1.1	稍稍、稍微、稍许、略微、略为、多少
	0.9	较、比较、较为、还
	0.8	有点、有些

资料来源：知网词库。

利用式（4－6）计算程度词结合情感词得到的情感值为：

$$SO_t = value_{deg} \times SO_t'\qquad(4-6)$$

其中，SO_t'表示词语 t 的原始情感值；$value_{deg}$表示程度词 deg 的强度值。例如，"非常满意"的情感值 $= 1.3 \times 0.44 = 0.57$，属于情感类"高兴"的强度是 0.57。

（三）情感圈的语境情感值

如前面所述，使用情感本体对语境词语进行了情感值初始赋值，构建的情感圈能够根据上下文语境对这些词语的情感值进行修正。这里基于情感圈用语境情感计算词语新的情感值。词语 m 的情感圈由它的所有上下文语境词语的笛卡尔坐标（x，y）组成，其中 y 值表示情感极性，x 值表示情感强度。可以通过计算圈中所有点的几何中值来估计给定情感圈的整体情感。对于给定的情感圈中 n 个点（p_1，p_2，…，p_n），它的二维几何中值 g 定义如下：

$$g = \arg\min_{g \in R^2} \sum_{i=1}^{n} \|p_i - g\|_2\qquad(4-7)$$

其中，几何中值为点 $g = (x_k, y_k)$，该点到其他点 p_i 的欧式距离是最小的。这里称几何中值 g 为情感中值，因为它可以表示给定词语 m 的情感圈的情感极性（y 坐标）和情感强度（x 坐标）。

二、基于情感圈的情感分析

这部分将介绍基于情感圈进行的两种不同的情感分析任务：实体级和单条微博级情感检测。

（一）实体级情感检测

给定一个实体 $e_i \in \varepsilon$ 和它相应的情感圈，这个实体的情感可由情感圈的情感中值 g 表示（即组成情感圈的所有点的几何中值）。根据图 4 - 2 的描述，如果情感中值 g 位于"中性域"，则实体具有中性情感；如果 g 位于正面情感象限，则实体具有正面情感；如果 g 位于负面情感象限，则实体具有负面情感。给定一个实体 e 的情感中值 g_e，则实体情感函数 γ 为：

$$\gamma(g_e) = \begin{cases} \text{positive} & \text{if} \quad y_g > +\sigma \\ \text{neutral} & \text{if} \quad |y_g| \leqslant \sigma \& x_g \geqslant 0 \\ \text{negative} & \text{if} \quad y_g < -\sigma \end{cases} \quad (4-8)$$

其中，σ 是定义"中性域"Y 轴边界的阈值，后文会介绍如何计算这个阈值。

（二）单条微博级情感检测

给定单条微博 $t_i \in T$，有几种方法可以运用微博中词语的情感圈进行整体情感的确定。举个例子"华为 P20 的拍照功能很好"包括 3 个实词："华为 P20""拍照功能""很好"，每个词语都有相关的情感圈的表示。这三个情感圈可以进行不同的组合以提取与这条微博相关的情感。这里介绍 3 种不同的方法探讨用情感圈进行单条微博级的情感检测。

（1）中值法。这个方法主要是将每条微博 $t_i \in T$ 表示为情感中值 $\bar{g} = (g_1, g_2, \cdots, g_n)$ 的一组向量，其中 n 为组成该条微博的实词的数量，g_j 为实词 m_j 的情感圈的情感中值。运用式（4 - 7）计算情感中值 g_j，然后对向量 $\bar{g}$ 中所有情感中值求取平均值，最后运用式（4 - 8）确定微博 t_i 的整体情感。

（2）关键词法。这种方法将关注点放在微博中的一些关键词上，假设微博中的情感表达总是针对一个或多个特定目标，称这些特定目标为关键词。在前面提到的微博例子中，有两个关键词"华为 P20"和"拍照功能"，情感词"很好"用来描述它们。因此，该方法可通过以下方式进行操作：首先，提取微博中所有的关键词，关键词提取过程为对微博文本进行分词和词性标注，去除停用词，采用史伟（2014）的方法运用规范化的 TFIDF 加权方法，提取出有代表性的名词和代词作为关键词；其次为每个关键词累计它接收到的来自其他词语的情感影响。微博的整体情感对应于关键词接收到的那个最高情感影响。针对每个候选关键词，构建相应的情感圈，以此计算微博中其他词语对于关键词的情感影响。最大情感影响 $\hat{s}$ 的计算方法如下：

$$\hat{s} = \arg\max_{s \in S} H_s(\vec{p}) = \arg\max_{s \in S} \sum_{i}^{N_{\vec{p}}} \sum_{j}^{N_{\vec{w}}} H_s(p_i, w_j) \qquad (4-9)$$

其中，$s \in S = \{$ 正面，中性，负面 $\}$ 表示情感极性，$\vec{p}$ 是单条微博中所有关键词的向量，$N_{\vec{p}}$ 和 $N_{\vec{w}}$ 分别表示单条微博中关键词集和剩余词集，$H_s(p_i, w_j)$ 表示情感影响函数，即情感圈中词语 w_j 对关键词 p_i 的情感影响，情感影响程度（情感强度）为词语 w_j 到 p_i 的欧氏距离（即词语 w_j 的半径），如图 4-4 所示。如果词语 w_j 落在"强正面情感"或"强负面情感"象限，则情感影响值加倍。

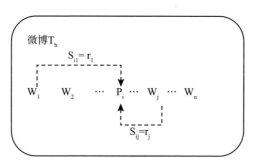

图 4-4 关键词法

注：其中 s_{ij} 为词语 w_j 对于 p_i 的情感强度，r_j 为在 p_i 的情感圈中词语 w_j 到 p_i 的半径。

（3）混合法。这种方法主要是将前面介绍的两种方法结合起来使用。如上节介绍，关键词法主要依赖微博的句法结构和词语间的情感关系，但当有些微博文本过短、缺乏关键词或微博中包含大量病态词语时，该方法就没法使用。如遇到这种情况我们就转而应用中值法，将两者结合起来使用的方法就叫作混合法。

三、实验和数据分析

如上节所述，通过情感圈表示获取上下文语义主要基于语料库中的词语共现和情感词典中的初始情感权重集。本书提出一种使用两个不同语料库（微博集合）和一个通用情感词典的评价设置，以使我们能够评价不同语料库和词典对情感圈方法表现的影响。

（一）数据集

本节将介绍用于评估的两个数据集："电影评论"（史伟，2015）和"手机微点评"（史伟，2014）。使用"电影评论"数据集来评估本书的方法在单条微博水平的性能，因为它们只为单条微博而不是实体提供人工标注，即每条微博都被赋予了八类情感类和两类评价，将期待、高兴、喜爱、惊讶和 G（好）类评价归为正面情感；焦虑、悲伤、生气、讨厌和 B（坏）类评价归为负面情感。

使用"手机微点评"数据集评估实体层面情感。该数据集包含微博和实体情感评价，因此，本书使用它来评估情感圈在实体层面和微博层面的表现。

表 4-2 总结了两个数据集中正面和负面微博的数量，并进一步描述如下。

表4-2　　　　　　　　　　微博评估的数据集　　　　　　　　　单位：个

数据集	微博总数	正面情感	负面情感
电影评论	92701	49652	43049
手机微点评	9878	7985	1893

（二）情感本体

情感圈中词语的初始情感值是由某个情感词典赋值的（先验情感值）。这里使用已经构建的模糊情感本体库来评估我们的方法。在第三章中已详细论述了情感本体的构建过程，创建了可用于在线评论情感分析的情感词本体库，并基于此本体库进行了系列情感分析研究，取得了非常好的效果。主要创新之处是将情感本体划分为评价词本体和情感词本体，利用模糊理论和知网模型构建情感本体的基本模型。根据评价词和情感词的各自特点，运用模糊化处理和语义相似度的相关理论，分别对评价词本体和情感词本体的情感类型和隶属度进行了相应处理。情感本体形式如下所列：

FEO = ((18；开心；happy；adj；张三；知网 2007 版情感分析用词语集)，(快乐；愉快)，(高兴；1.00))

最终的情感本体收录 9952 个词条，各类情感统计如表 4 – 3 所示。

表 4 – 3　　　　　　　　　各情感类词汇数量　　　　　　　　单位：个

情感类	G（好）类评价词	B（坏）类评价词	期待	高兴	喜爱	惊讶	焦虑	悲伤	生气	讨厌
词汇数	3715	3147	170	395	339	65	271	220	201	429

资料来源：史伟，王洪伟，何绍义. 基于知网的模糊情感本体的构建研究 [J]. 情报学报，2012 (6)：595 – 602.

各情感类词汇分别赋予了相应的情感类和情感隶属度值（情感值），情感隶属度取值范围为 [0，1]，可用于分析微博的情感极性和强度。情感有正面和负面之分，即情感极性。上述情感中期待、愉快、喜爱属于正面情感，而悲伤、生气和讨厌则属于负面情感，惊讶和焦虑在不同的语境下既可能表现为正面也可能为负面。

（三）基线方法

为了比较所提出情感圈在微博和实体情感分析中的表现，这里的基线方法考虑两个层次：基于情感词典的方法和基于情感计算的方法。

基于情感词典的方法是通过知网情感分析用词语集，从给定文本中提取情感。如果一条微博文本包含的正面情感词多于负面情感词，则该条微博标记为正面，反之亦然。对于实体级情感检测，实体情感的标记是基于与实体共同出现在相关微博中的正面情感词和负面情感词的数量决定的。

基于情感计算的方法是基于情感本体和语义的比较先进的情感检测方法。采用此方法对单条微博进行情感计算，如果通过计算正面情感强度大于负面情感强度，则该条微博被认为是正面的，反之亦然。对于实体级情感检测，一个实体的情感值是基于在一定窗口内与实体共同出现的正面情感词和负面情感词。这里微博情感强度的计算需要人工构建相应的语义规则，如程度词、否定词、标点符号、修辞句、表情符号等情感语义的量化处理。

四、实验结果

在实体级和微博级两个层面的情感检测任务中，通过与基线方法进行比较展现所构建方法的性能。对于实体级的情感检测，我们在"手机微点评"数据集上进行实验，而对于微博级的情感检测，我们使用"电影评论"和"手机微点评"两个数据集。

（一）对词语先验情感的影响

构建基于情感圈的情感分析法主要是因为词语的情感会随上下文语境而变化。为了获得这些词语的语境语义，我们运用情感圈表示方法去调整词语的情感极性和强度。图4－5显示了在两个数据库中由情感圈改变词语初始情感极性和强度的平均比率，语料库中平均68％的词语被情感词本体库所覆盖，并被赋予了先验情感极性和强度，32％的词语未在情感词本体库中找到，运用情感圈表示方法使得35％的词语重新调整了它们的情感极性

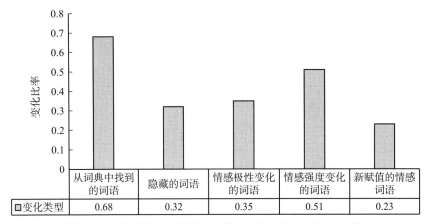

图4－5　情感圈改变词语初始情感极性和强度的平均比率

（比如从正面转变到负面或转变到中性），51%的词语在未改变情感极性的情况下情感强度发生了变化，因此有14%的词语的原始情感极性和强度未变化。另外该模型对23%未被情感词本体库覆盖的隐藏的词语赋予了情感极性和强度。

（二）实体级情感检测

对于实体级的情感检测，使用本书所提出的中值方法结合情感本体和语义规则来识别给定实体的情感圈的整体情感。我们用准确率、精度、召回率和F值来衡量两个识别任务的结果：主观性检测，它识别给定实体是主观的（正面的还是负面的）还是客观的（中立的）；情感极性检测，它识别实体是否有正面或负面情感。两种识别任务都应用于10个不同的实体（产品特征）。

从表4-4可以发现，对于主观性识别，我们提出的基于情感圈的情感分析方法在四个指标上都大幅领先基线方法，表4-5展示了实体级情感极性识别（正面或负面）的结果，基于情感圈的情感分析方法虽然没有全面大幅领先基线方法，甚至在召回率上还落后基线方法0.01，但是在其他三个指标上均略有提高。

表4-4 实体级情感分析结果比较（主观性检测）

方法	精度	召回率	F值	准确率
基于情感词典方法	0.62	0.46	0.58	0.72
基于情感计算方法	0.63	0.56	0.62	0.75
基于SentiCircle的情感分析法（中值法）	0.80	0.83	0.81	0.82

表4-5 实体级情感分析结果比较（情感极性检测）

方法	精度	召回率	F值	准确率
基于情感词典方法	0.68	0.72	0.79	0.69
基于情感计算方法	0.82	0.87	0.84	0.80
基于SentiCircle的情感分析法（中值法）	0.87	0.86	0.87	0.88

（三）微博级情感检测

对于微博级情感检测，运用基于情感圈情感分析法中的中值法、关键词法和混合法，在"电影评论"和"手机微点评"两个数据库中进行了实验。同时将这些实验结果同两种基线方法（词典方法和情感计算方法）进行了比较。

图 4 - 6 显示在"电影评论"语料库中，基于情感圈情感分析法在准确率方面表现普遍比基线方法要出色。同时还观察到三种情感圈方法中混合法要比关键词法和中值法的准确率更高，达到了 0.87。基线方法中情感计算方法的准确率与三种情感圈方法比较接近，都能达到 0.8 以上，词典方法由于考虑因素过少，准确率未能达到 0.6。图 4 - 7 显示的是在"手机微点评"语料库中几种情感检测方法的准确率，基本情况与图 4 - 6 的表现相当，三种情感圈方法的平均准确率达到了 0.84，比情感计算方法表现略好。

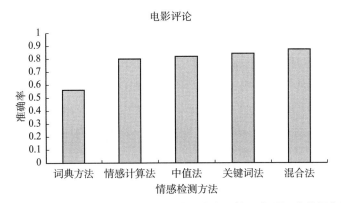

图 4 - 6 微博级不同情感检测方法的准确率比较（电影评论数据集）

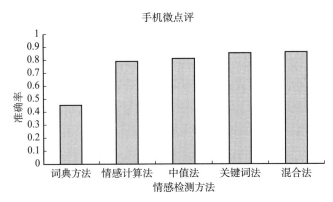

图 4 - 7 微博级不同情感检测方法的准确率比较（手机微点评数据集）

第二节　基于增强监督学习的文本情感语义分析

一、研究基础

（一）引言

如今越来越多的人使用社交媒体来表达他们对不同主题的意见（Cambria E，2013）。由于评论文本中包含大量情感信息和观点，具有极大的利用价值，而微博文本除具有普通评论文本的特点，还有别于其他例如网页新闻、博客文章之类的文本，具有一定特殊性：（1）短小性，一条微博内容一般不能超过140字，许多微博文本通常只有一两句话甚至几个字；（2）文法的不规范性，不同于网页新闻或博客文章，人们发表微博评论通常不经过深思熟虑，充斥着错别字、网络语言、表情符号、超链接等内容；（3）数量巨大，由于微博的门槛低，任何人都可以发布信息，因此其信息发布速度是多数媒体都难以比拟的，这也使得人们很快淹没在巨大的微博文本信息海洋中；（4）含有大量有价值的隐藏信息。正是这些特殊性使得从微博文本中提取情感和观点富有挑战性。

文本情感分类现在有多种思路方法，可以依据情感词典和语义分析计算文本情感极性（姚天昉，2007），也可以基于机器学习的方法对评论文本进行有效数据挖掘及情感分析（姜晓庆，2015；Pang B，2008；Liu B，2012）。针对微博文本所具有的这些特性和传统情感分析方法存在的缺陷，本书提出了基于增强监督学习的微博文本情感分析方法。本书的主要贡献是按微博文本的极性水平分类，包括预测文本中所示全部观点的极性。采用新的方法提高微博文本情感极性分类的有效性。本书的思路如下：解释了提出新方法的动机和需要；提出了研究思路和方法；进行了相关实验并对结果进行分析；进行小结和研究展望。

（二）传统情感分析方法及其缺陷

用于极性分类的监督学习分类器依赖于从文本中提取的特征向量来表示文本的最重要特征（唐晓波，2013）。采用标准的 N-gram 语言模型进行监督情感分析在一般情况下具有相当不错的表现（Tripathy A，2016；周水庚，

2001），但在处理有句型的句子时往往有效性不好。当句子中出现情态动词
"可能""应该"，连词如"但是""或""如果""除非""假使"等会大大
增加监督分类的预测难度。

为了证明这个观点，本书用约 1 万条微博文本训练支持向量机（SVM）
分类器，运用 N-gram 语言模型进行测试，并绘制图 4 – 8 中支持向量机计算
的混淆矩阵函数。

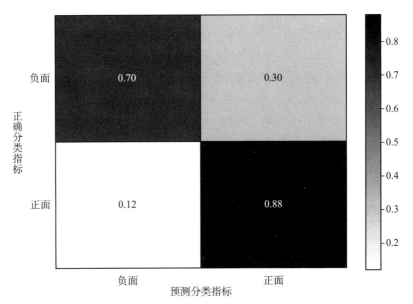

图 4 – 8　SVM 分类结果混淆矩阵函数图

资料来源：支持向量机分类器输出。

表 4 – 6 显示了 SVM 分类器的混淆矩阵的具体数据结果。precision 表示
情感取向分类的准确率，recall 代表情感取向分类的召回率，f1 – score 是准
确率和召回率的加权平均值。约 66% 的负面情感可以准确分类，约 90% 正
面情感可以准确分类。然而，从混淆矩阵的计算结果来看，大多数文本都不
能被分类或分类错误。

表 4 – 6　　　　　　　　　　SVM 分类结果混淆矩阵结果报告

矩阵	precision	recall	f1 – score
neg	0. 66	0. 70	0. 68
pos	0. 90	0. 88	0. 89

续表

矩阵	precision	recall	f1 − score
avg/total	0.84	0.83	0.84
confusion_matrix	$[[701 \quad 300],[365 \quad 2635]]$		
acc_for_each_class	$[0.66 \quad 0.9]$		
average_accuracy	0.777692		
overall_accuracy	0.833792		
score	0.833792		

资料来源：支持向量机分类器输出。

图 4-8 中，黑色表示分类正确，白色及灰色表示分类错误，小数值代表占比。进一步查询错误分类文本的决策得分，发现其中大部分决策错误文本的决策分数在 −0.5～+0.5，这意味着支持向量机对它们没有把握，进而分类错误。

因此，从上面的分析中可以推断，设计一个具有如下功能的分类器是有必要的：

（1）可以处理语句中的特殊语法部分，如连词；

（2）使用二级（高可信）分类器来验证或改变支持向量机计算出的决策得分低的微博文本的分类标签。为了能够处理语法的特殊部分，本书运用语言规则对模型进行修正。此外，文中设计了一个无监督的基于情感词典的分类器来验证或更改支持向量机计算出的决策得分非常低的微博文本的分类标签。

二、研究思路

（一）数据预处理

在分析原始微博文本的情感之前，先对它们进行预处理。在预处理过程中，所有@ < username > 引用都会更改为@ USER，所有 URL 都会更改为 http：//URL. com。之后提取微博文本并为其分配一部分标签，除了名词、动词、形容词和副词，这种做法也能够对连词、微博文本的具体表征如表情符号和 URL 分配标签，本书设计的情感分析系统如图 4-9 所示。

83

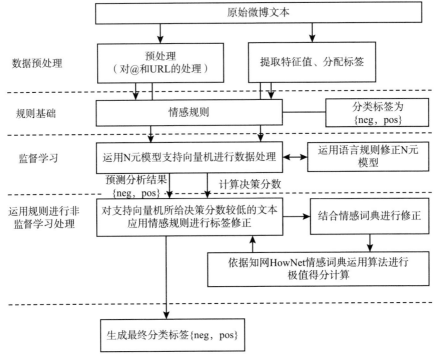

图 4 − 9　基于增强监督学习的情感分析系统流程

（二）情感规则制定

传统的通过提取文本特征值进行文本分类的方法在大多时候具有较高的准确率，但在处理微博评论文本的过程中会遇到问题。在微博评论中许多人为了强调其观点意见，往往重复使用情感词或表情符号且许多时候表情符号的添加会在很大程度上影响评论文本的情感倾向（史伟，2012）。对此，建立表情符号字典，通过对肯定及否定表情符号的计数统计来判定句子的情感倾向。

表情符号情感规则如下：

（1）如果一条微博文本包含一个或多个肯定的表情而没有否定的表情符号，则被标记为肯定；

（2）如果一条微博文本包含一个或多个否定的表情而没有肯定的表情符号，则被标记为否定；

（3）如果以上两条规则中的任何一条都不适用，则该微博文本被标记为未知。

依据这些情感规则判断微博文本的情感倾向，并对文本添加情感标签。

按此规则被标记为未知的微博文本则被传递到情感分析系统的下一个阶段——监督学习分类器。

（三）运用支持向量机（SVM）的 N-gram 语言模型进行监督学习

N-gram 是大词汇连续语音识别中常用的一种语言模型，对中文而言，通常称为汉语语言模型（Chinese Language Model，CLM）。汉语语言模型利用上下文中相邻词间的搭配信息，在需要把连续无空格的拼音、笔画或代表字母及笔画的数字转换成汉字串（即句子）时，可以计算出具有最大概率的句子，从而实现到汉字的自动转换，无须用户手动选择，避开了许多汉字对应一个相同的拼音（或笔画串和数字串）的重码问题。

本书采取如下文本处理方法：在微博文本中提取的所有否定词后添加字符串"_NEG"来代表否定。否定词和下一个标点符号之间的所有从微博文本中提取的名词、形容词、副词或动词都被认为是否定的。除此之外，在特征向量中没有使用与否定相关的其他特性。采用上述方法对微博文本进行处理后，运用 Python 语言中 sklearn 模块的 SVM 算法进行监督学习添加情感分类标签。

（四）根据语言规则修改 N-gram 语言模型

基于 N-gram 语言模型的典型监督学习方法，对于不含连接词的文本句子能得到较为满意的处理结果，但在处理包含连接词等特殊句子结构的文本时会出现问题。本书制定了用于分析包含连词"但""但是""可是""如果""除非""万一"，且能够从文本的特征向量中去除不相关或情感倾向相反的监督学习规则。

1. 包含连词"但"的文本处理策略

表 4-7 中列举了几个不同语法位置包含"但"的文本例句，人工判定了该文本的整体极性。从下面的例子中，可以看到例句 I 到例句Ⅲ中"但"后面的句子的一部分通常比前半部分更好地显示了文本的整体极性。在例句Ⅳ中，很难确定文本中强调的部分。这可能是因为这条微博文本只有弱肯定性，如果只考虑"但"的后半部分，甚至可以被判定为否定。在例句Ⅴ中，很难判定哪一部分是用户所强调的。处理类似例句Ⅳ和例句Ⅴ的文本太困难，需要更复杂语言规则的制定。在本书中，只专注于制定类似于例句 I 到例句Ⅲ的文本情感分类规则，对于处理类似例句Ⅳ和例句Ⅴ的文本时也按此规则进行处理。

表 4 - 7   包含"但"的文本例句及其极性

例句	极性
I 今天过得很糟糕,但一想到我们可以明天一起在必胜客吃饭就开心了。	肯定
II 面试失败,但说不定明天那家更好。	肯定
III 你输了比赛却赢了我的心你可能不认识我但我崇拜你。	肯定
IV 我觉得这部电影很好看,但没有和任何人分享。明天天气会变好吗?	肯定
V 天啊,我错过了星期六的比赛!但是有更重要的事情等着我去做。	否定

因此,提出以下策略修改包含连接词"但"的文本(包含"但是""可是"的文本与此相类似):

(1) 文本首先使用 Python 语言中的 jieba 模块进行分词处理,并去除停用词;

(2) 在每个句子中,找到"但"最后出现的位置;

(3) 删除这一位置之前的所有字符,使调整后的句子只包含最后一个"但"位置之后的字符;

(4) 一旦处理了文本中的所有句子,就把修改过的句子合并在一起,得到修改后的文本。

2. 包含连词"如果"的文本处理策略

表 4 - 8 中列举了几个包含不同语法位置的"如果"的文本例句,人工判定了该文本的整体极性。

表 4 - 8   包含"如果"的文本例句及其极性

例句	极性
I 如果北京国安在中超联赛中没有取得最高积分,那么他肯定是第二强的!	肯定
II 如果明天你不去现场看比赛的话,可以在电视上看直播。	肯定
III 如果姚明还在火箭队的话我会看直播的……我不喜欢火箭队但我喜欢他。	肯定
IV 如果你也是赵丽颖粉丝的话我挺你。	肯定
V 如果你明天不去参加下午 5:30 开始的训练,你将失去比赛资格,希望你能来!	否定
VI @ USER 能来参加十月份的北京锦标赛吗? 我一直想见到你,如果你在这里参赛的话会很令人激动!	肯定

从上面的例子中可以看到，与"但"相比，"如果"有更多的句法位置，归纳得到如下几种类型：

（1）如果＜条件从句＞那么＜结果从句＞；

（2）如果＜条件从句＞，＜结果从句＞；

（3）如果＜条件从句＞省略然后/逗号或其他＞＜结果从句＞；

（4）＜结果从句＞如果＜条件从句＞。

根据语法规则，例句Ⅰ属于类型（1），例句Ⅱ、例句Ⅲ和例句Ⅴ属于类型（2），例句Ⅳ属于类型（3），例句Ⅳ属于类型（4）。在例句Ⅰ和例句Ⅱ中，文本最强调的是在逗号之后出现的部分。在例句Ⅲ中，在第一个逗号后面的部分是最强调的部分。但是，例句Ⅲ同时包含"如果"和"但"，这使得自动确定最强调的部分变得更加困难。另外，在例句Ⅳ和例句Ⅴ中，由于语法错误及文本的非正式性，最强调的部分不是在逗号后。在例子Ⅵ中，"如果"出现在句子中间，也很难自动确定最强调部分的范围。确定类似于例句Ⅳ、例句Ⅴ和例句Ⅵ中最强调的部分需要进行更为复杂的语言分析，超出了本书的研究范畴。

因此，提出以下策略来修正包含条件句"如果"的文本的 N-gram 语言模型（包含"除非""万一"的文本与此相类似）：

（1）文本首先使用 Python 语言中的 jieba 模块进行分词处理，并去除停用词；

（2）在每个句子中，找到条件句最后一次出现的位置；

（3）找到在条件从句之后出现的第一个逗号还有"如果"出现的位置；

（4）删除条件从句和逗号之间的所有字符，并删除条件从句和逗号，剩余部分构成修改后的句子；

（5）一旦处理了文本中的所有句子，就把修改过的句子合并在一起，得到修改后的文本；如果一条文本既包含"如果"也包含连接词"但"，则只应用"但"规则。

最后，对于每条改进后的文本，为其创建修正后的特征值向量。应用语言规则改进 N-gram 语言模型，之后用支持向量机（SVM）进行处理，添加分类标签。

3. 调整支持向量机（SVM）预测结果

在训练过程中，支持向量机（SVM）接近一个属于 N 个不同分类（N＝2，分类∈{肯定，否定}）的分离数据点（样本特征向量）最佳决策边界。

"支持"这种决策边界的数据点称为支持向量。每个经过训练的支持向量机SVM都有一个评分函数，根据该函数计算每个新样本的决策分值，并基于此来分配分类标签。对样本进行分类的SVM决策评分的范围是从样本特征向量x到决策边界，并根据以下公式进行计算：

$$\text{SVM 决策分数} = \sum_{i=1}^{m} \alpha_i y_i G(x_i, x) + b \qquad (4-10)$$

其中，α_1，α_2，$\cdots$，α_n 和 b 是由 SVM 估计的参数，$G(x_i, x)$ 是 x 与支持向量之间的预测空间中的点积，m 是训练样本的个数。

正如第 2 部分所述，应用 N-gram 模型进行计算，大量文本的决策得分过低，这意味着它们的特征向量与决策边界非常接近，支持向量机不确定对其分配何种标签。因此，对所有未标记的文本进行监督分类消息后，根据每个推导出的决策得分来确定支持向量机预测的可信度。对于决策得分接近决策边界或置信度低于 0.5 的文本，弃用支持向量机分配的类标签，使用无监督分类方法来预测它们的分类标签。这个无监督分类过程如下：

（1）为了考虑到连接词和条件从句，采用第 3 部分所述方法修正文本；

（2）使用算法从文本中提取关键词；

（3）在知网情感词典中查询这些情感词并进行极值计算；计算方法为：程度副词作为权重乘以情感词得分，否定情感词再乘以权重 -1，进行归一化处理后作为该句文本极值得分；

（4）肯定、否定概念词的数量和极值：如果肯定概念词的数量大于否定概念词的数量，而整条文本极值得分大于等于 0.6，则该文本被标记为肯定；如果否定概念词的数量大于肯定概念词的数量，而整条文本极值得分小于等于 0.6，则该文本被标记为否定；如果上述两个规则都不适用，则基于规则的分类器将文本标记为未知，并以 SVM 的低可信度预测值作为系统的最终输出。

三、实验与结果分析

人们在评论制造业提供的有形产品和服务业提供的无形服务时，往往会从不同的角度，运用不同的词汇来进行。故为了较为全面地验证改进模型的有效性，本书分别选取微博中的产品评论和服务评论作为研究对象。首先利用爬虫技术从新浪微博（www. weibo. com）抓取关于服装和平板电脑产品评论的 100000 条数据信息作为实验数据集，选取前 40000 条评论文本作为训练数据，后 60000 条评论文本作为测试数据，使用语言规则和情感得分增强监督学习对数据集进行分析。应用 Python 语言按照上文设计的情感分析系统流程设计语言程序。表 4-9 显示了分析结果数据，表 4-10 对两种方法的结果进行了对比。

表 4-9　　　　　　　　商品评论数据集分析结果数据列表

key = pos_number	value = 54209
key = neg_number	value = 5791
key = number_ratio	value = 7.5
key = pos_mean	value = 4.1
key = neg_mean	value = -1.7
key = total_mean	value = 2.8
key = mean_ratio	value = 2.4
key = pos_variance	value = 24843.6
key = neg_variance	value = 1.6
key = total_variance	value = 18047.8
key = var_ratio	value = 15445.8

key = text_pos_number, value = 肯定微博文本条数为 54209 条，占全部微博文本比例的 91.0%

key = text_neg_number, value = 否定微博文本条数为 5791 条，占全部微博文本比例的 10.0%

资料来源：Python 输出。

表 4-10　　　　　　　　商品评论数据集处理结果对比表

方法	肯定			否定			均值		
	P	R	F	P	R	F	P	R	F
N 元模型	0.90	0.31	0.43	0.66	0.70	0.68	0.78	0.51	0.56
基于语言规则和情感得分增强监督学习的改进 N 元模型	0.99	1	0.99	0.75	0.95	0.84	0.98	0.99	0.99

为了说明结果在不同微博评论类型中的准确性，再采用爬虫技术从新浪微博抓取关于酒店和电影的微博评论数据集 100000 条作为实验数据集，选取前 40000 条评论文本作为训练数据，后 60000 条评论文本作为测试数据，

使用语言规则和情感得分增强监督学习对数据集进行训练分析。应用 Python 语言按照上文设计的情感分析系统流程设计语言程序。表 4-11 显示了分析结果数据，表 4-12 对两种方法的结果进行了对比。

表 4-11   服务评论数据集分析结果数据列表

key = pos_number	value = 18976
key = neg_number	value = 41024
key = number_ratio	value = 0.8
key = pos_mean	value = 444.4
key = neg_mean	value = -2.2
key = total_mean	value = 139.7
key = mean_ratio	value = 206.1
key = pos_variance	value = 3708103046.2
key = neg_variance	value = 3.0
key = total_variance	value = 1172792332.7
key = var_ratio	value = 1235481529.3
key = text_pos_number，value = 肯定微博文本条数为 18976 条，占全部微博文本比例的 32.0%	
key = text_neg_number，value = 否定微博文本条数为 41024 条，占全部微博文本比例的 67.99%	

资料来源：Python 输出。

表 4-12   服务评论数据集处理结果对比表

方法	肯定			否定			均值		
	P	R	F	P	R	F	P	R	F
N 元模型	0.66	0.70	0.68	0.75	0.95	0.84	0.71	0.83	0.76
基于语言规则和情感得分增强监督学习的改进 N 元模型	0.96	0.98	0.97	0.90	0.88	0.89	0.93	0.93	0.93

表 4-9 和表 4-11 分别是对两类评论集用 Python 语言按照图 4-9 所示流程所设计的系统进行实践后得出的最终处理结果，其中显示了肯定及否定两个类别中文本数目及均值和方差。表 4-10、表 4-12 两个处理方法结果对比表中，P 代表准确率，R 代表召回率，F 代表检验值。为了评估文中方

法的有效性，我们认为肯定和否定的 F 检验值的平均值为主要指标评价标准，通过标准 N 元模型与基于语言规则和情感得分增强监督学习的改进 N 元模型的比较，可以看到基于语言规则和情感得分增强监督学习的改进 N 元模型的 F 平均值在两组数据分析中分别增加 0.43 和 0.17，表明改进后的模型显著改善了情感分析结果的有效性，同时也能有效提高判定的准确率。

针对不同主题的微博评论数据集所得出的对比结果有差异可能与文本语句预处理及决策分数计算过程中所使用的分词、停用词、情感词词典有关，词典中词汇量的范围是否覆盖全面、对应分值制定是否合理会直接影响处理结果。本书采用的酒店和电影评论数据集的处理结果 F 平均值小于商品评论数据集的处理结果，主要和针对服务产品及用户的评价标准更为模糊、所用评论词语更为复杂多样、评论角度更为广泛，以及训练文本和测试文本差异更大有关。

第三节　基于混合模型的文本讽刺表达识别研究

一、情感－主题－讽刺混合模型的结构

社交媒体已经成为沟通的重要手段，人们通过这种媒介来表达自己的观点、意见、情绪、想法、态度等。这些想法通常发布在基于物联网的智能设备上，观点挖掘和情感分析是用来分析大量在线文本数据的有效手段，其中自动检测讽刺表达将是一个重要的挑战，因为人们在互联网上用讽刺方式表达的观点，人和机器都很难理解。

百度百科将"讽刺"定义为"用比喻、夸张等手法对人或事进行揭露、批评"。讽刺在更深的意义上是高度相关的语言和常识，讽刺是一种情感，人们总是倾向于在文本中使用正面或强化的词语来表达负面感受或不喜欢。在文本数据中发现讽刺表达是一件非常有意思的事情，并且很难被普通人识别，这引起了研究者在社交媒体文本中，特别是在微博中发现反讽表达的浓厚兴趣。

讽刺检测是观点挖掘的一个子任务，它的主要目的是识别用户在文本表达中的观点或情感。正确识别讽刺句和非讽刺句在情感分析中起着至关重要的作用，讽刺句往往具有混合的情感极性，比如句子"我喜欢被忽视"，其中"喜欢"表示正面情感，而"忽视"则是一个负面情感词。很少有夸张

讽刺句存在（只有肯定词没有否定词），比如"他的样子真是太棒了"。因此需要一种新的能够检测讽刺表达水平和讽刺流行主题的方法。理解讽刺表达对人类和机器都是一个相当困难和有挑战的任务。

该研究的主要目的是基于短文本中的情感分布确定讽刺的流行主题，一定程度上有助于讽刺表达的检测。模型背后的重要思想是：第一，短文本或微博文本中的一些主题比其他主题更倾向于讽刺；第二，与纯粹的正面或负面微博文本相比，讽刺表达微博文本中正面词和负面词的分布完全不同。提出的情感－主题－讽刺模型的结构如图4－10所示，其中预处理中将微博文本或评论引入情感讽刺模型中，基于情感本体该模型纯粹通过得分来学习词语的分布。这个模型可以发现讽刺的流行主题，也可以清楚地估计主题的概率分布。

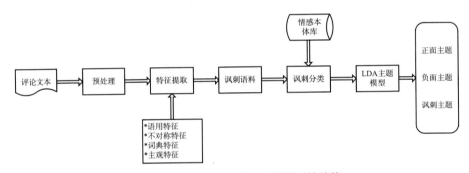

图 4－10　情感－主题－讽刺模型的结构

情感－主题－讽刺模型认为评论文本具有三种情感标签：正面的，负面的，讽刺的。模型使用隐藏变量，如主题变量、情感变量以及一个转换变量来识别讽刺流行主题。提出的情感－主题－讽刺混合模型能够识别数据集中特定主题下的词语。模型评价包括定性和定量两个方面，定性评价以情感相关词为基础，定量评价包括精度、准确率、召回率和 F 值等指标。

二、相关研究综述

在过去几年里，自然语言处理领域研究者比较关注社交媒体的情感分析，最近的一些文章主要采用机器学习或深度学习技术的方法进行情感分类，然而分类技术和特征提取在很大程度上取决于结果。也有一些学者开始应用社交化短文本中的一系列特征因素发现社交媒体中的讽刺表达，并将短文本分为两类：讽刺和非讽刺。讽刺是一种比喻性语言，字面意思表达的信息并不是真实的观点。春车鹏等（2015）在短文本中增强了一种用于讽刺检测的机器学习算法，他们通过应用一系列特征比如 Unigrams、bigrams、主题建模等证明了系统的精确性。阿什拉夫·卡迈勒和穆罕默德（Ashraf Kamal and Muhammad Abulaish，2021）提出了一种在 Twitter 上检测自嘲讽刺（SDS）的深度学习方法，并在七个 Twitter 数据集上进行了实验，结果发现提出的方法明显优于许多基于神经网络的基线和最先进的方法。拉金德森和扎弗兰尼（Rajadesingan and Zafarani，2015）提到通过探索用户的行为特征进行讽刺的检测，这些行为特征通常通过用户过去的对话获取，构建行为模型框架和评估模型的效率。约戈什·库马尔和尼基塔（Yogesh Kumar and Nikita Goel，2020）介绍了情感分析、机器分类和深度学习在识别讽刺推文中的应用，并使用各种评估指标比较了各种方法的使用结果，得到讽刺检测可以极大地提高情感分析模型的性能这一结论。

张庆林等（2019）提出了一种在使用少量标注训练数据的情况下，应用对抗学习框架来提升深度学习模型在讽刺识别任务中性能的方法，显示了一定的优越性，但存在模型训练不稳定等问题。韩虎等（2021）提出了一种结合用户嵌入、论坛主题嵌入与内容编码的上下文语境讽刺检测模型，该模型运用 Paragraph Vector 模型与 Bi-GRU 模型分别编码上下文语境信息和内容信息，有效提高讽刺检测分类准确率，但由于用户文档与主题文档的训练样本较少，实验过程中会出现过拟合、分类错误等问题。瓦尔迪维亚等（Valdivia et al.，2020）提出了一种新的自匹配网络，通过分析词与词之间的交互来捕获句子的不一致信息，该工作吸收了句子的成分信息，以便更好地检测讽刺。阿迪亚·乔希等（Aditya Joshi et al.，2016）研究发现，实验表明在每个连续场景中都会发现讽刺表达，两种序列标记算法的性能优于分类算法。西尔维奥等（Silvio ABC et al.，2016）在关于讽刺检测的工作中，利用了与词汇信号一致的用户嵌入来识别讽刺，他们的模型利用了一套普通但精致的特征来识别讽刺表达。还有学者利用上下文信息自动检测 Twitter 中的讽刺表达，利用马尔可夫支持向量机将标签分配给 tweets 的整个序列的类别中，实验结果表明，序列分类法能有效地利用上下文信息检测讽刺（Wang et al.，2015）。赫尔南德斯等（Hernandez et al.，2015）在构建的模型中考虑了结构特征及情感特征，如 tweet 的整体情感和极性得分等，用于区分讽刺和非讽刺的 tweet。

尼亚马拉等（Nimala et al.，2019）讨论了在 Twitter 数据集上进行主题建模，基于聚合策略的哈希标签的重要性和性能。杰德等（Rajadesingan et al.，2015）讨论了利用用户的行为特征来检测 Twitter 中讽刺的可能性，并提出了一个计算行为模型，该模型包含了用户个人信息特征。韦策尔等（Weitzel et al.，2016）提出了一个独立于反讽检测领域的无监督框架，包括单词嵌入以获得领域感知词语的反讽倾向，实验结果表明将主题反讽模型与词语嵌入相结合，在真实场景中取得了很好的效果。还有学者提出了一种新的自匹配网络，通过分析词与词之间的相互作用来捕获句子中的不一致信息，这项工作吸收了句子的成分信息，以便更好地检测讽刺（Tao et al.，2019）。

对于讽刺表达识别的研究刚刚展开，并取得了一定的进展，但多数是在英语语境中，对于语义表达更为复杂的中文语境中的讽刺检测还缺乏比较有效的识别手段，并且比较少从情感主题的角度去分析讽刺表达的存在规律和形式。情感主题模型主要是在大规模语料库中发现有情感倾向的主题结构，本书使用情感主题模型检测讽刺表达的背后驱动力是识别是否存在讽刺流行主题，并捕捉讽刺和非讽刺文本的情感分布，主要观点是很少存在这样的主题——它们比其他主题更能自动引发讽刺。

三、情感 – 主题 – 讽刺模型的符号与生成过程

（一）模型提出

图 4 – 11 描绘了本书构建的情感主题讽刺模型的符号图，表 4 – 13 列出了相应的符号和缩写。

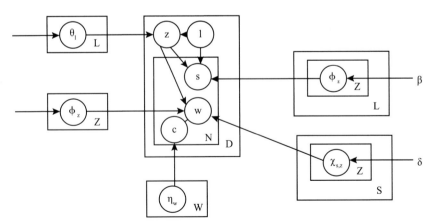

图 4 – 11　情感主题讽刺模型的符号

表 4 – 13	模型使用的符号
符号	含义
W	单条微博上的词语数
L	微博标签：正面、负面和讽刺
C	转换变量（在情感词或主题词间转换的值）
Z	微博主题
S	微博中一个词语的情感（正面、负面）
η_w	转换变量的分布
θ_l	给定标签的主题分布
ϕ_z	给定主题 z 的词语分布
$\chi_{s,z}$	给定情感 s 和主题 z 的分布
$\Psi_{z,l}$	给定主题 z 和标签 l 的情感分布

假设语料库由讽刺微博构成，并且这些微博按照位置进行收集。对于这个模型，用 l 表示评论的标签，包括正面的、负面的和讽刺的，c 是转换变量，表示用户情感或主题词。模型使用 z 表示主题，s 为词语的情感，η_w 为转换变量的分布，$\chi_{s,z}$ 表示给定情感和主题的分布，$\Psi_{z,l}$ 为给定主题 z 和标签 l 的情感分布。

（二）生成过程

给定文档 D 和具有超级参数 α 和 β 的主题数量，以及情感标签 l，算法输出 D 文档中基于讽刺流行主题的情感。

算法 STSM：

/在情感标签 l 下画出主题分布/

For every label l

$\theta_l \sim Dir(\alpha)$

End For

/对于情感标签 l 中的每个主题画出词语分布/

For each topic z in l

$\Psi_{z,l} \sim Dir(\beta)$

End For

/画出主题 z 和情感 s 的分布/

For each topic z in s

$\chi_{s,z} \sim Dir(\delta)$

End For

/画出主题 z 下的词语分布/

For each topic z

$\phi_z \sim Dir(\gamma)$

End For

/画出指定句子的分布/

For each sentence，do

$Z_k \sim \theta_{l,k}$

witch between values for all words $C_{k,j} \sim n_j$

Sentiment for all sentiment words，$S_{k,j} \sim \Psi_{z,k}$，l_k

All topic words $w_{k,j} \sim \phi_{z,k}$

All sentiment words $w_{k,j} \sim \Psi_{z,l}$，Z_k

End For

四、实验过程

微博是一个非常流行的在线社交平台，微博用户在微博分享从主流话题（比如饮食、音乐、电影、商品、政治等）到私密爱好的各种信息。截至2021 年 3 月，中国的微博月活跃用户达到 5.3 亿人，移动端占比 94%，日活跃用户达到 2.3 亿人，微博已成为展现公众情感和观点的重要平台。微博数据的提取主要有三种方式：（1）采用网络爬虫抓取；（2）通过 API 获取微博文本；（3）通过微博平台高级搜索获取。本书主要采用第三种方式获取微博信息，这些信息都是公开的，可免费获取，微博的主要特点之一就是"即时分享"，用户通过微博平台将自己的观点和情感分享给听众，所以在研究过程中提取他人公开的微博信息，是完全合乎国家相关法律和基本道德规范的，不存在侵犯他人隐私的问题。

以#讽刺#、#嘲讽#、#嘲笑#、#挖苦#、#讥讽#等为主题收集微博近一周的 16000 条讽刺微博和 32000 条非讽刺微博（未含有#讽刺#等标签），并将其存储在数据库中，进一步将非讽刺类微博分为正面和负面，基于已构建的情感本体，将含有"期待""高兴""喜爱"和"惊讶"等情感类词语的微博设为正面标签，将含有"焦虑""悲伤""生气""讨厌"等情感类词语的微博设为负面标签。

按照以下步骤对微博进行预处理：

（1）对在空白边界上的个别词的分离；

（2）从微博文本中去除所有非文字的数字字符，例如逗号、破折号等；

（3）去除 1208 个标准停用词，包括常见的一些动词形式；

（4）删除一些不相关的微博信息，从微博中过滤掉额外的链接，如含有"http:"或者"www."的表达，以及各种符号标签和用户的名字；

（5）移除"回复""转发微博"等词和转发的内容（只是转发没有增加任何评论的帖子）；

（6）去除重复的微博，将微博文本分成一个个单句，之后进行情感词标记、基本词性标注和讽刺表达识别。

经过统计，数据集中有 8632 条微博为正面情感，1978 条微博为负面情感，7027 条微博有讽刺表达。数据集的 2.5% 用于测试，其余用于模型训练。本书对带"#"标签的微博展开研究，分类如下：$L = 3$，正面的、负面的和讽刺的，情感 $S = 2$，正面的和负面的，主题 Z 设置为 10。这里使用折叠吉布斯抽样来估计分布，并根据它们的联合概率分布来寻找隐藏参数或潜在变量的值。特征提取是从数据集中提取各种特征使机器学习算法能够正常工作，模型中使用的主要特征有：语义特征、基于不一致性的特征、词汇特征和主观特征等。

（1）语义特征。语义特征是那些基于语句的实际应用而不是理论知识。有多种类型的语义特征正在生成，以便对模型进行训练。

①表情符号：表情符号是以脸部表情的形式在文本中表示各种情感。微博中有不同种类的表情符号用于表示不同的情感。表情符号可以体现人们在发表评论时所要传达的语气，因此可以用于讽刺表达的检测。Python 中的编码器模型可以用来阅读表情符号。

②标点符号：标点符号对读者来说传递着各种不同的情感信号。比如感叹号（！）会增加正面或负面情感的强度，其他标点符号也都表达着不同的语义含义。

（2）基于不一致性的特征。这个特征主要基于如下理论：每一句讽刺表达基本都是在负面情景下正面情感的崩溃。比如："我非常开心能在星期天工作"，在这个句子中，"我非常开心"是正面情感，与负面情景"在星期天工作"形成了对比，因此这就形成了一种讽刺的表达。这个特征在模型中的使用如下所示。

①情感不一致：正面情感词后接负面情感词的次数，反之亦然。

②最大子序列：表示文本块中正面或负面情感的最大子序列的次数。

③情感极性计数：表示极性情感词出现的次数，基于已经构建的情感本体，将"期待""高兴""喜爱"和"惊讶"等情绪类词语和正面（G）类评价词设为正面情感词，将"焦虑""悲伤""生气""讨厌"等情绪类词语和负面（B）类评价词设为负面情感词。

（3）词汇特征。Unigrams 被用于提取微博文本中基于词汇特征的信息。这种方法的一个扩展是使用 N-grams 模型，它可以表示讽刺。比如，"是的，没错"是一个表示讽刺存在的语句。

（4）主观特征。这是在对话语境或文本中表达个人主张的特征。个人主张包括观点、情感、评价和推测等。本书以知网提供的 38 个中文主张词语作为判断主观特征的标准，如表 4 - 14 所示。比如主观性句子"我觉得这部电影很有意思"，这个句子就包含主张词语"觉得"。

表 4 - 14   **中文主张词语**

感知	察觉　触目　耳闻　发　发觉　发现　风闻　感　感觉　感觉到　感受到　见到　见得　觉得　看得出来　窥见　领教　听说　痛感　预感　自觉
认为	抱定　当　道　感到　感觉　觉得　看　看待　论　认定　认为　认准　想　相信　以为　主张

资料来源：知网词库。

五、实验结果

模型的评价分为定性和定量两部分。通常用定性的方法表示从情感主题讽刺模型中提取的主题，而定量方法则讨论定量的测量，比如发现主题情感标签的概率分布，模型的查全率、查准率和 F 值，还有模型与其他讽刺检测方法的比较等。

（一）定性评价

定性评价的目的是展现由情感主题讽刺模型提取的主题。这项工作分为两个步骤进行探讨。第一步，对该模型发现的主题进行评估，然后对整个语料库进行测量。因为讽刺微博的数据集被输入到模型中，所以生成的主题是讽刺流行主题。第二步，联合情感－主题分布模型捕捉讽刺的存在。该模型既能评估主题，又能评估情感词。表4－15列出了仅针对讽刺性微博的综合主题和情感相关主题。标题是为主题手动指定的，下划线词语是携带主题信息的词语，这些信息在表4－16和表4－17中分别被列出，其中包含每个讽刺流行主题的情感主题。仔细看下表可以发现，生成的词语具有相反或混合的情感极性。比如关于天气的讽刺微博"我的头发不湿的时候看起来非常漂亮""是的，但是现在天气很潮湿"。表4－15、表4－16和表4－17讨论了当讽刺微博作为模型输入时，主题、情感相关主题和讽刺流行主题中的词语分布。

表4－15　　　　综合主题和情感相关主题的评估（针对讽刺微博）

喜爱	工作	天气	聚会	食物
亲爱的	太棒了	超级棒	欢乐	好吃的
感受	成果	气候带	活动	饮料
快乐	行动	气候	狂欢	饮食
喜欢	放弃	雨水	乐队	零食
宠儿	表现	哇	气氛	热爱
宝贝	经典	不好	诱人的	快餐
天使	兼职	真实	厌恶	太棒了
甜蜜	完成	今天	搭档	兴奋
心肝	讨厌	高兴	哈哈	早餐
烦恼	激增	糟糕	夜晚	菜单
欣赏	可怜	下雪	围攻	食材
反感	早晨	气象	无聊	无味

表 4 – 16　　　　　　　讽刺微博中由模型评估的主题

喜爱	工作	天气	聚会	食物
亲爱的	成果	气候	活动	饮料
感受	行动	雨水	乐队	零食
喜欢	表现	今天	气氛	快餐
天使	兼职	下雪	搭档	早餐
心肝	早晨	气象	夜晚	食材

表 4 – 17　　　　　讽刺微博中由模型学习得到的情感 – 主题

喜爱	工作	天气	聚会	食物
快乐	太棒了	超级棒	欢乐	好吃的
宠儿	放弃	糟糕	狂欢	饮食
宝贝	痛苦	哇	诱人的	热爱
情侣	成就	美好的	聚集	太棒了
厌恶	实现	幸存	讨厌	低劣的
痛苦	可怜	忍受	大笑	无味
反感	汗水	高兴的	有趣的	菜单

　　表 4 – 18、表 4 – 19 和表 4 – 20 表示当完整语料库作为模型输入时，主题、情感相关主题和讽刺流行主题中的词语分布。这些表格中的主题将清楚地区分为讽刺流行主题或基于情感的主题。表格中列出的是语料库中发现的前 5 个主题词，包含微博层面的情感标签：正面，负面和讽刺。与前面的例子一样，表 4 – 18 显示了从语料库中评估的综合主题和情感相关主题，并且所有主题的标题都是手动标记的。比如其中一个主题是"健康"，该主题下最热门的 5 个主题词是"健身""健康""早晨""运动""跑步"。

表 4 – 18　　　　综合主题和情感相关主题的评估（针对完整语料库）

健康	工作	音乐	食品	名言
健身	晚上	摇滚	食物	语录
健康	早晨	流行音乐	快餐	黎明
早晨	杰出的	古典的	蛋糕	夜晚
运动	工作	本地的	早餐	渗透

续表

健康	工作	音乐	食品	名言
有趣的	讨厌	乡村	健康	激励
享受	厌烦	披头士乐队	喜爱	旅程
跑步	干活	激情	喜欢	积极的
疲倦	有趣的	热爱	完美	感动
好的	恶心的	快乐	美味的	朗朗上口
开心	喜欢	笑	开心	愉快
有病的	睡眠	糟糕的	蔬菜	坏的
可怜的	更好	可怕的	无味的	极好的

表 4 - 19　　　　　完整语料库中由模型评估的主题

健康	工作	音乐	食品	名言
健身	晚上	摇滚	食物	语录
健康	早晨	流行音乐	快餐	黎明
早晨	工作	古典的	蛋糕	夜晚
运动	干活	本地的	早餐	渗透
跑步	睡眠	乡村		激励
		披头士乐队		旅程

表 4 - 20　　　　　完整语料库中由模型学习得到的情感 - 主题

健康	工作	音乐	食品	名言
有趣的	杰出的	激情	健康	积极的
享受	讨厌	热爱	喜爱	感动
疲倦的	无聊的	悲痛	讨厌	朗朗上口
好的	压力	笑	完美	掩饰
愉悦	有病	糟糕的	美味的	较少的
不舒服	喜欢	坏的	贫乏的	极度的

（二）定量评价

定量评价就是通过计算不同主题子集的情感概率值，对特定主题的评论内容的情感标签进行分析。表 4 - 21 显示正面情感最高的是音乐（0.93）、爱情（0.92）、天气（0.86）和聚会（0.83）。负面情感概率值较高的是食物（0.89），讽刺流行主题是学校（0.85）、工作（0.85）等。图4-12为微博标签的正面情感词分布，横轴表示在一条微博中正面情感词所占的百分比，纵轴则是对应的该类微博在数据库中的百分比。图4-12明确显示负面微博包含的正面情感词较少，而正面微博包含的正面情感词较多，讽刺性微博中正面情感词的比例高于负面情感词。

表4-21　　　　　　　　　　　主题情感标签的概率

主题	正面	负面	讽刺
爱情	0.92	0.05	0.03
工作	0.08	0.07	0.85
天气	0.86	0.08	0.06
聚会	0.83	0.11	0.06
食物	0.06	0.89	0.05
学校	0.07	0.08	0.85
音乐	0.93	0.05	0.02
名言	0.86	0.05	0.09

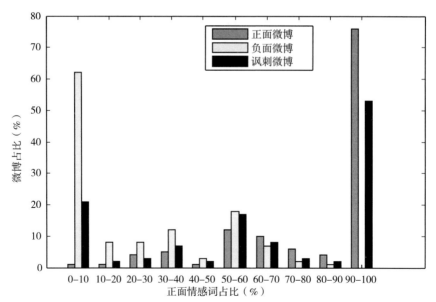

图4-12　微博标签的正面情感词分布

本书通过 SVM 分类器进行讽刺检测，能够将微博分为讽刺和非讽刺，通过关键性能指标（KPI）来评估，比如精度、召回率和 F 值。表 4 – 22 所示的情感主题讽刺模型具有更高的精度和召回率，并且具有更好的 F 值，表明该模型与其他基线模型相比具有较好的性能。精度、召回率和 F 值的计算公式如式（4 – 11）至式（4 – 13）所示。

$$precision = \frac{a}{a + b} \tag{4 – 11}$$

$$recall = \frac{a}{a + c} \tag{4 – 12}$$

$$F_{\beta = 1} = \frac{(1 + \beta^2) \times precision \times recall}{\beta^2 \times precision + recall} = \frac{2a}{2a + b + c} \tag{4 – 13}$$

参考混合矩阵，a，b，c 分别对应正确进行分类的具有讽刺表达的微博数、进行分类但不具有讽刺表达的微博数和具有讽刺表达但未进行分类的微博数。

表 4 – 22　　　　　本书模型在讽刺检测中与其他方法的比较

方法	精度	召回率	F 值
Topic irony model	0.75	0.64	0.69
TIM + WE	0.82	0.77	0.79
Hierarchical topic model	0.77	0.75	0.76
本书模型	0.85	0.82	0.83

第四节　本 章 小 结

本章首先介绍了文本特征与情感语义表达的识别技术，主要研究了三种比较先进的细粒度分析方法。首先介绍了一种新颖的词语情感语义的表示方法，称为情感圈，可为词语确定上下文语境中的情感倾向。结合已构建的情感本体和情感语义量化规则建立了基于上下文语境的微博短文本情感分析方法，通过实验描述了情感圈方法在情感检测（实体级和微博级）中的应用，并与基线方法进行了比较。本书构建的方法比基于情感计算的方法表现得更为优异，基于情感计算的方法主要是基于情感本体和语义规则对微博文本进行情感分析，词语的情感极性和强度为情感本体中的预先设定值，未体现出在不同上下文和不同语料库中的变化，而本书基于情感圈的情感分析方法根据词语在微博上下文语境中不同的情感极性和强度动态地进行了更新和调整，使得情感检测的准确率更高。本章选择的基线方法是两种基于语义的情感分析法，将来可将构建方法与一些机器学习方法进行比较，比如支持向量机方法（SVM）等，同时也可选择新的语料库作为实验场景，以提高方法验证的全面性。未来的工作也可考虑不同情感词典和微博中情感正负分布对构建方法有效性的影响。

然后提出了一种增强监督学习进行微博评论文本情感分析的方法：在传统情感分析方法的基础上针对特定句子结构制定语言规则，以更为准确地进行语句情感词定位并结合情感词典进行情感得分计算，进而对决策得分较低的文本修改分类标签以实现增强监督学习，改进原有的模型方法。将改进后的模型和传统模型对微博评论文本进行情感分析处理的结果对比，可以得出这样的结论：通过对语句的特殊部分如表情、连接词和条件从句进行处理的方法实现模型的改进并通过情感词典进行情感极值计算，能够显著提高情感分类结果的有效性。将来的研究工作将完善已有的方法，即向词典中添加流行用语及专业术语，修正情感词典中词语情感极值的得分，考虑为复杂的句子结构制定相应的语言规则，将更多特征向量纳入研究范畴。

最后介绍的情感主题讽刺模型是一种可以有效检测讽刺相关主题的先进模型。本章提出的主题模型使用了包含正面、负面和讽刺的微博数据集，并评估了与讽刺流行主题相关的词语分布。该模型获得了讽刺流行主题如学校（0.85）和工作（0.85）。同时模型学习得到的词语分布清楚地区分了讽刺流行主题和相应主题中的词语（包括具有混合极性的词语）。该方法还通过运用一定程度的逻辑推理来识别多种事件的讽刺。构建的模型有效，并且非常适合各种讽刺检测的应用。提出的模型主要依赖于词袋，将来可能会用二元文法（Bigrams）和三元文法（Trigrams）进一步扩展，因为大多数情况下，讽刺总是以词组的形式用含蓄的情感表达出来。本书的研究工作涉及用于讽刺检测的短文本无监督情感和主题分析。由于深度学习技术的发展，利用深度学习的弱监督表示可以有效检测社交化短文本中的讽刺表达，这将是今后研究的一个方向。

第五章　情感－主题随时间的演变模型

引　言

主题建模和情感分析是处理文本数据的两个常用任务。前者处理主题的提取（它是关于什么的），后者是关于情绪和意见分类（基本观点是什么）。这两个任务是互补的，在某种程度上，情感通常是关于主题的，而主题往往是主观立场的基础。这就是为什么主题和情感应该被联合提取和分析。近年来，联合主题情感建模作为一项独立的文本挖掘任务应运而生（F. Li，2020；C. Lin，2012；Yuemei Xu，2020；P. Kalarani，2019；Yulan He，2014），已有研究所做的工作大多是静态地提取主题的情感，忽略了文本数据的动态性质。还有些工作只专注于分析主题层面的内容演变，忽略了主题情感的相关性（Kambiz Ghoorchian，2020；T. L. Griffiths，2004；Chia－Hsu-an Chang，2021）。基于这一观察结果，本书提出了一种基于主题模型的主题情感关联性提取方法，以获得主题情感相关性及随时间的演变过程。

该模型产生了三个层次的输出：主题、主题情感和主题情感随时间的演化。它首先作为一个传统的主题发现模型，能够从文档集合中提取隐藏的主题结构。其次，对主题和情感（对每个提取主题的总体情感）之间的关联进行建模。最后，提供了一个有效的工具来跟踪和可视化主题情感关联的强度。这些信息都是同时提取的，不需要任何后期处理。

本书的方法有三个主要特点，这三个特点是其他文献所不能共同解决的。首先，时间与主题和情感共同建模，这使得我们能够捕捉主题情感随时间的演变。其次，针对整个数据而不是单个文档，一次提取主题特定情感，从而提供主题情感相关性的整体视角。最后，在不同的情感极性下不需要进行后处理来匹配相似的主题。本书提出的方法不同于许多基于模型适应性（定性演变）的主题模型，基于著名的 LDA 模型，既具有相同的优点——使用 Dirichlet 超参数来平滑多项式分布，实现联合主题情感的发现和情感主题模型的优化（C. Lin，2012；P. Kalarani，2019；Yulan He，2014），又通过对时间与主题和情感的联合建模来分析情感主题随时间的演变，对突发事件中网络舆情的分析具有一定价值。

第一节　研究思路与方法

一、模型图和符号解释

在这一节中，将描述时间感知情感主题（Time-aware Sentiment-Topic，TST）模型，本书提出的方法是对主题情感关联性以及它们随时间定量演化的过程进行建模。本书方法是在以下一些模型的基础上提出的：

（1）时间没有与主题和情感一起建模（F. Li，2020；C. Lin，2012；P. Kalarani，2019；Yulan He，2014；蒋翠清，2019；Yuemei Xu，2020）；

（2）对每个文档的主题特定情感分别进行评估（F. Li，2020；C. Lin，2012；P. Kalarani，2019；Yulan He，2014）；

（3）来自不同情感极性的相似主题不会自动匹配（F. Li，2020；C. Lin，2012；Yuemei Xu，2020；P. Kalarani，2019；Yulan He，2014）。

为了解决这些问题，基于三个主要特征提出了一个新颖的主题模型：首先，时间与主题和情感共同建模，定量分析了主题情感随时间的演变。其次，针对整个数据而不是单个文档提取主题特定情感，从而提供主题情感相关性的总体视图。最后，不需要后处理来匹配不同情感极性下的主题，因为同一主题在词语上有多个分布，每个情感极性对应一个分布。

通过添加两个新的层 s 和 t 来扩展 LDA 模型，以便分别捕捉情感和时间（见图 5 - 1）。我们的方法是建立在传统的主题建模假设之上：学习集合中的每个文档都是主题的混合（主题的多项式分布）。此外假设每个主题都有多个方面，每个情感极性对应一个，因此在词语上有多个多项式分布。最后假设主题 - 情感关联的"强度"会随着时间的推移而演变。

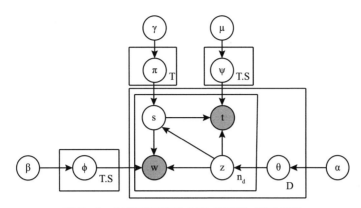

图5－1　时间感知情感主题（TST）图形模型

　　学习数据中的文档必须标注时间（例如创建日期）。时间首先离散化，每个文档都会收到一个离散的时间戳标签（例如年、月、日）。在学习步骤中，使用变量 t 捕捉时间模态，然后使用时间戳 ψ 上的多项式分布捕捉主题情感演化。本书其余部分使用的符号见表5－1。

表5－1 　　　　　　　　　　　　　　　　　**符号解释**

符合	含义
D	文档数量
V	词汇量
T	主题数量
S	情感标签数量
H	时间戳数量
θ	[θ_d]：D×T 主题文档特定分布矩阵
ϕ	[$\varphi_{z,s}$]：T×S×V 主题情感特定词分布矩阵
Π	[π_z]：T×S 主题特定情感分布矩阵
Ψ	[$\Psi_{z,s}$]：T×S×H 特定于主题情感对的时间分布矩阵
n_d	文档 d 中的词语数
$n_{d,j}$	文档 d 中受主题 j 影响的词语数
n_j	主题 j 影响的词语数
$n_{j,k}$	影响话题 j 和情感 k 的词语数

符合	含义
$n_{i,j,k}$	词语 i 受主题 j 和情感 k 影响的次数
$n_{j,k,h}$	时间戳为 h 的词语受主题 j 和情感 k 影响的次数
n^{-p}	在当前文档的 p 位置排除词语的数量变量

二、生成过程

TST 是一个词语、情感和时间戳完全生成的模型。其生成过程如下。

（1）绘制 $T \times S$ 多项式 $\varphi_{z,s} \sim \mathrm{Dir}(\beta)$。

（2）绘制 $T \times S$ 多项式 $\Psi_{z,s} \sim \mathrm{Dir}(\mu)$。

（3）绘制 T 多项式 $\pi_z \sim \mathrm{Dir}(\gamma)$。

（4）对于每一个文档 d，绘制一个多项式 $\theta_d \sim \mathrm{Dir}(\alpha)$，然后对于文档 d 中的每个词语 w_i：

①绘制一个主题 $z_i \sim \theta_d$；

②绘制一个情感标签 $s_i \sim \pi_{z_i}$；

③绘制一个词语 $w_i \sim \varphi_{z_i,s_i}$；

④绘制一个时间戳 $t_i \sim \psi_{z_i,s_i}$。

通过研究 TST 的图形模型和生成过程，可以注意到同一文档中的不同词语可能会生成不同的时间戳，但是文档中的所有词语都应该有相同的时间戳。实际上这并不是一个真正的问题，因为 TST 在情感主题动态建模方面仍然是有效的。然而由于时间模态涉及主题发现可能会影响主题的同质性，因为时间模态被假定为与词语模态具有相同的"权重"。为了解决这个问题，我们采用了与 TOT 模型（Chia-Hsuan Chang，2021）和组主题模型（X. Wang，2005）相同的策略，引入了一个平衡超参数来平衡词语和时间在主题发现中的贡献。一个自然的设置是使用词语数 n_d 的倒数作为平衡超参数，在计算后验分布时考虑这个超参数。

三、推理过程

吉布斯抽样（Gibbs）是主题模型（Chia-Hsuan Chang，2021）中常用的参数估计（推理）方法，我们采用这种方法是因为它通常产生相对简单的算法。由于篇幅的限制这里只给出最终公式，海因里希（G. Heinrich.，2009）提供了通过吉布斯抽样对 LDA 进行推断的详细推导，对 TST 的派生是以相同的方式执行的。

（1）联合分布：使用 Bayes 条件独立性规则，词语、主题、情感和时间戳的联合概率可以计算如下：

$$p(w, t, s, z | \alpha, \beta, \gamma, \mu) = p(w | s, z, \beta) \cdot p(t | s, z, \mu)$$
$$\cdot p(s | z, \gamma) \cdot p(z | \alpha) \qquad (5-1)$$

其中，式（5-1）中第一项是通过对 φ 进行积分得到的。

$$p(w | s, z, \beta) = \left(\frac{\Gamma(V\beta)}{\Gamma(\beta)^V} \right)^{T \cdot S} \prod_j \prod_k \frac{\prod_i \Gamma(n_{i,j,k} + \beta)}{\Gamma(n_{j,k} + V\beta)} \qquad (5-2)$$

式（5-2）中，Γ 表示伽马函数，下标 i、j、k、h 分别用于循环词语、主题、情感和时间戳。式（5-1）的第二项是通过在 ψ 上积分得到的。

$$p(t | s, z, \mu) = \left(\frac{\Gamma(H\mu)}{\Gamma(\mu)^H} \right)^{T \cdot S} \prod_j \prod_k \frac{\prod_h \Gamma(n_{j,k,h} + \mu)}{\Gamma(n_{j,k} + H\mu)} \qquad (5-3)$$

式（5-1）中的其余各项分别通过在 π、θ 上积分得到。

$$p(s | z, \gamma) = \left(\frac{\Gamma(\sum_k \gamma_k)}{\prod_k \Gamma(\gamma_k)} \right)^T \prod_j \frac{\prod_k \Gamma(n_{j,k} + \gamma_k)}{\Gamma(n_j + \sum_k \gamma_k)} \qquad (5-4)$$

$$p(z | \alpha) = \left(\frac{\Gamma(\sum_j \alpha_j)}{\prod_j \Gamma(\alpha_j)} \right)^T \prod_d \frac{\prod_j \Gamma(n_{d,j} + \alpha_j)}{\Gamma(n_d + \sum_j \alpha_j)} \qquad (5-5)$$

（2）后验分布：后验分布估计是通过抽样变量 z 和 s 给定所有其他变量。我们使用上标 −p 表示不包括当前文件 d 的位置 p 处的词语数量。后验概率可由联合概率得出，如式（5-6）所示。

$$p(s_p = k, z_p = j | w, t, s^{-p}, z^{-p}, \alpha, \beta, \gamma, \mu) \propto$$
$$\frac{n_{d,j}^{-p} + \alpha_j}{n_d^{-p} + \sum_j \alpha_j} \cdot \frac{n_{w_p,j,k}^{-p} + \beta}{n_{j,k}^{-p} + V\beta} \cdot \frac{n_{j,k}^{-p} + \gamma_k}{n_j^{-p} + \sum_k \gamma_k} \cdot \frac{n_{j,k,t_p}^{-p} + \mu}{n_{j,k}^{-p} + H\mu} \qquad (5-6)$$

平衡超参数 $\frac{1}{n_d}$ 作为式（5-6）最后一项的指数幂引入，然后使用从马尔可夫链获得的样本来估计分布 φ、θ、π 和 ψ，如式（5-7）所示。

$$\varphi_{j,k,i} = \frac{n_{i,j,k} + \beta}{n_{j,k} + V\beta}, \quad \theta_{d,j} = \frac{n_{d,j} + \alpha_j}{n_d + \sum_j \alpha_j},$$

$$\pi_{j,k} = \frac{n_{j,k} + \gamma_k}{n_j + \sum_k \gamma_k}, \quad \psi_{j,k,h} = \frac{n_{j,k,h} + \mu}{n_{j,k} + H\mu}$$

$$(5-7)$$

算法 1：TST 推理

Require：α，β，γ，μ，T

1：Initialize matrices Φ, Θ, Π, Ψ.
2：**for** iteration c = 1 **to** nbGibbsIterations **do**
3：　**for** document d = 1 to D **do**
4：　　**for** p = 1 to n_d **do**
5：　　　Exclude word w_p from d and update count variables
6：　　　Sample a topic and a sentiment label for word w_p using Equ. 6
7：　　　Update count variables with new topic and sentiment label
8：　　**end for**
9：　**end for**
10：**end for**
11：Update matrices Φ, Θ, Π, Ψ with posterior estimates using Equ. 7

四、融合情感本体库

以情感词典的形式来指导情感发现。当对一个词语的情感进行抽样时，会引入情感词典（算法 1 的第 6 行）。如果一个词语出现在词典中，它就会受到词典中相应情感标签的影响，否则使用式（5-6）生成情感标签。一些研究也采用了这种策略（F. Li, 2020；C. Lin, 2012；Yulan He, 2014）。这里使用已经构建的模糊情感本体库来评估我们的方法，在前期研究中已详细论述情感本体的构建过程，创建了可用于在线评论情感分析的情感词本体库。主要创新之处是将情感本体划分为评价词本体和情感词本体，利用模糊理论和知网模型构建情感本体的基本模型。根据评价词和情感词的特点，运用模糊化处理和语义相似度的相关理论，分别对评价词本体和情感词本体的情感类型和强度进行相应处理。情感本体形式如下所列：

FEO =（（18；开心；happy；adj；张三；知网 2007 版情感分析用词语集），（快乐；愉快），（高兴；1.00））

最终的情感本体收录 9952 个词条，各类情感（两种评价类和八种情感类）统计如表 5 - 2 所示。

表 5 - 2					各情感类词汇数量				单位：个
情感类	G（好）类评价词	B（坏）类评价词	期待	高兴	喜爱	惊讶	焦虑	悲伤	生气	讨厌
词汇数	3715	3147	170	395	339	65	271	220	201	429

资料来源：史伟，王洪伟，何绍义．基于知网的模糊情感本体的构建研究［J］．情报学报，2012（6）：595 - 602.

各情感类词汇分别被赋予相应的情感类和情感强度值，情感强度取值范围为［0，1］。情感有正面和负面之分，即情感极性。上述情感中 G 类评价词、期待、愉快、喜爱属于正面情感，而 B 类评价词、悲伤、生气和讨厌则属于负面情感，惊讶和焦虑在不同的语境下既可能表现为正面也可能表现为负面。

第二节　实验过程

一、评价框架

评价 TST 模型至少涉及两个方面：情感主题关联和情感主题随时间的演变。本书提出通过模型结果和实际数据的比较来评估这两方面。为此将采用这样的数据集：其中每个文档都用主题、情感和时间进行了标注。然后对于每一个主题情感对，通过合并标注为情感 s 的主题 z 的所有文档来计算词语 $p(w|s, z)$ 上的"真实"（观察）分布。通过计算标注为情感 s 的主题 z 的文档数来计算每个主题在情感 $p(s|z)$ 上的实际分布。最后用同样的方法计算主题情感对随时间 $p(t|s, z)$ 的实际分布。基于真实数据定义两个独立的评价指标：主题情感关联准确度 Q_s 和主题情感演变准确度 Q_t。这些措施是基于"估计"和"真实"之间距离的计算，一般分为两个步骤：主题匹配和评价措施。

（一）主题匹配

为了简单起见这里假设二元情感模式：正面情感和负面情感，设 r，e

为真实，分别估计主题。基于词汇表 φ_r 和 φ_e 上主题分布之间的 KL 散度的计算，每个主题 r 与主题 e 进行匹配。由于 KL 散度不是一个距离度量，所以这里使用 KL 距离（KLD）代替。对于两个多项式分布 P 和 Q 计算如下（B. Bigi，2003）：

$$KLD(P, Q) = KL(P\|Q) + KL(Q\|P) = \sum_i \left[(P(i) - Q(i)) \cdot \log \frac{P(i)}{Q(i)} \right]$$
$$(5-8)$$

匹配过程通过迭代选取 KLD 值最小的主题对来实现。一般分为两步：第一步，在正负极性下分别匹配真实主题和估计主题；第二步，如果在前一步中 e_p 和 e_n 与同一个真实主题匹配，则来自估计正面主题的每个主题 e_p 与来自估计负面主题的每一个主题 e_n 匹配。这种双重匹配只对 JST 和 ASUM 模型是必需的，在 TTS 中它由模型自动提供。

（二）评价措施

设 M 是上一步的结果（M 包含匹配的主题对，而不考虑极性）。每对主题（r，e）∈M 以情感分布为特征。这种分布的计算是针对每个模型的，对于 TTS 它直接由模型（分布 π）产生，对于 JST 和 ASUM，p（s│z）的获得方式与实际分布计算类似，但带有新的（估计的）标注。每个文档 d 都用情感和主题最大化概率 θ_d 重新标注。第一个评估指标 Qs（主题情感关联准确度）是匹配主题对的真实分布和估计 π 分布之间的平均 KL 距离，如式（5-9）所示。

$$Q_s = \frac{1}{T} \cdot \sum_{(r,e) \in M} KLD(\pi_r, \pi_e) \qquad (5-9)$$

第二个评价指标 Q_t 是基于估计的主题情感随时间分布（ψ）的计算，这个信息由 TTS 直接生成。对于 JST 和 ASUM，我们使用与文档相关联的实际时间戳来估计 ψ 分布。最后主题情感时间关联准确度 Q_t 是匹配主题对的真实分布和估计 ψ 分布之间的平均 KL 距离，如式（5-10）所示。

$$Q_t = \frac{1}{T} \cdot \sum_{(r,e) \in M} KLD(\psi_r, \psi_e) \qquad (5-10)$$

二、实验数据

本书使用的数据集为"贵州公交车坠湖"微博数据集。"贵州公交车坠湖"是指 2020 年 7 月 7 日 12 时 12 分，贵州省安顺市一辆公交车从安顺火车站驶向客车东站，在途经虹山湖大坝中段时，冲破石护栏坠入湖中。公众对这一事件在微博中展开了热烈讨论，形成了巨大舆情。微博数据集是 2020 年 7 月 7 日至 2020 年 7 月 14 日通过"贵州安顺""贵州公交车坠湖"等关键词收集微博上关于该事件的相关微博评论文本，已在前期研究中对该数据集进行过情感标注和分析。这个数据集按照如下步骤进行了规范和解析，预处理数据统计见表 5 - 3。

（1）对在空白边界上的个别词的分离；

（2）从词语中去除所有非文字的数字字符，例如逗号、破折号等；

（3）去除 1208 个标准停用词，包括常见的动词形式；

（4）为了避免垃圾信息和其他不相关信息，从数据集中过滤掉额外的链接，如含有"http："或"www."的表达和用户的名字（用符号@ 标志的）；

（5）移除"回复""转发微博"等词和转发的内容（只是转发没有增加任何评论的帖子）。

表 5 - 3   所用数据集的统计信息

数据集	类型	D	V	标注	时间标记
"贵州公交车坠湖"微博数据集	新闻/微博评论	146518	556725	主题、情感、时间	日

基于 GibbsLDA + +7 的代码实现了 TST 模型，考虑两种情感极性，对已构建的情感本体库中的情感类做了相应处理，将 G 类评价词、期待、愉快、喜爱和惊讶定为正面情感，将 B 类评价词、悲伤、生气、讨厌和焦虑定为负面情感。对于这两个数据集，将主题数 T 设置为 9，对称超参数 α、β 和 μ 分别设置为 $\frac{40}{T}$、0.04 和 0.01。实验表明，TST 对参数 μ 不敏感，即使 μ 值很低，时间稀疏性也不是什么大问题。为了评估的目的，当 γ_{pos} 为变量时超参数 γ_{pos} 设置为 1。实验表明主题情感模型 TST、JST 和 ASUM 对这些参数的取值不敏感，而对它们的比值 $\frac{\gamma_{neg}}{\gamma_{pos}}$ 敏感，这里用 γ_{ratio} 表示。所有结果均在 Gibbs 采样器第 400 次迭代时得到。

第三节　实　验　结　果

一、主题情感提取

时间感知情感主题模型（TST）的首要任务就是提取主题情感关联。图 5-2 显示了使用主题情感准确性指标 Q_s 对 TST、JST 和 ASUM 模型的定量评价。这一结果是在微博评论数据集上通过改变 γ_{ratio} 得到的。在 Q_s 方面，ASUM 给出的结果最好（ $Q_s = 0.4$，$\gamma_{ratio} = 400$ ），其次是 TST（ $Q_s = 1.86$ ），然后是 JST（ $Q_s = 2.23$ ）。这项实验表明，当把句子作为连贯单位（如 ASUM）而不是词语（如 TST 和 JST）处理时，主题情感模型更有效。研究还发现与 JST 相比，TTS 和 ASUM 对初始化步骤（将词语随机分配给主题和情感）的敏感度更低。

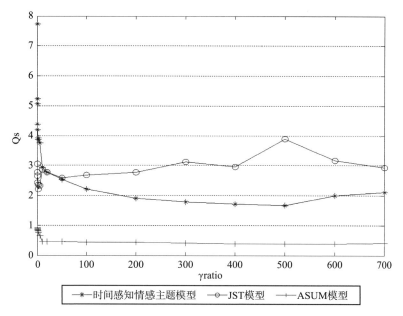

图 5-2　微博数据集上的主题情感关联准确性 Q_S（越小越好）

然而，TST 在提取主题和主题的情感方面仍然有效，表 5-4 显示了使用 TST 模型从"贵州公交车坠湖"微博数据集中选取的主题示例。这个数

据集的 γ_{ratio} 比值设置为300，主题由两种情感极性下最有可能出现的词语的有序列表来表示。从表中可以看出提取的主题显然是顽固的，在每一种情感标签下最有可能的词是相当连贯和情绪化的。例如主题 z_3（学生）在正极性下被正面描述（"希望""幸运"等），同样的主题在负极性下被用否定词来描述（"惨""难受"等）。

表5-4 "贵州公交车坠湖"（$z_1 \sim z_4$）数据集中所选主题的关键词，
最后一行表示特定于主题的总体情感概率（$\pi_z(s)$）

z_1：公交车		z_2：司机		z_3：学生		z_4：调查结果	
正面	负面	正面	负面	正面	负面	正面	负面
行驶	坠河	加速	恐怖	希望	揪心	通报	难受
很棒	侧翻	期盼	报复	抢救	惨	意外	伤亡
方便	强制	感谢	恐惧	同情	受伤	赔偿	诡异
智能	坠湖	好	故意	救援	害怕	真相	气愤
调度	撞坏	适合	蓄意	考试	溺水	报警	憎恨
享受	失控	平安	严惩	平安	无辜	期待	郁闷
视频	诡异	同情	危害	幸运	难受	勇敢	荒唐
0.45	0.55	0.36	0.64	0.73	0.27	0.21	0.79

二、主题情感随时间演变

TST 的第二个目标是模拟主题情感随时间的演变，图5-3显示了 Q_t 测量值随 γ_{ratio} 比值的变化，Q_t 用来测量模型如何随时间获得准确的主题情感关联。图5-3显示 TST 模型在 Q_t 度量方面显著优于 JST 和 ASUM，TST 得到的最佳结果是 $Q_t = 1.78$，而 JST 和 ASUM 的 Q_t 分别为3.88和3.69。这个实验表明在 TST 的建模过程中加入时间信息有助于更准确地提取主题－情感－时间关联。

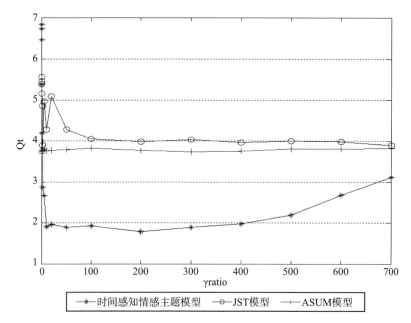

图 5 – 3 微博数据集上的主题 – 情感 – 时间关联准确性 Q_t（越小越好）

除此之外还以"贵州公交车坠湖"微博数据集为例对 TST 模型进行了实证研究。为便于解释，运用同属于主题 z 和情感 s 的文档数量来度量主题 z 和情感标签 s 的主题 – 情感演变。在每个时间戳 t 的文档数记为 $\mathrm{nbDocs}_{z,s}(t)$，计算如下：

$$\mathrm{nbDocs}_{z,s}(t) = \psi_{z,s,t} \cdot \pi_{z,s} \cdot \mathrm{topicSize}(z) \qquad (5-11)$$

其中，topicSize（z）是使用最大概率分配给主题 z 的文档数。

图 5 – 4 显示了来自"贵州公交车坠湖"微博数据集的一组主题的估计演变，深入研究图 5 – 4 中的主题情感演变可以得出以下信息。

（1）主题 z_1 指的是关于"公交车"的相关新闻和微博评论，在事故发生后的八天里关于贵州公交车的总体情感比较负面，可以发现"失控""诡异""坠湖"等词语的使用（见表 5 – 4），事故发生第二天公众对于该公交车的不正常行驶轨迹表示震惊和质疑，讨论数达到高峰，随着事故的调查，该主题的讨论热度渐趋下降。

（2）主题 z_2 指的是关于"司机"的相关报道和民众评论，民众在微博评论中表现出的负面情感要高于正面情感，司机的行为引起网民的质疑和愤怒，"恐怖""故意"等负面情感词大量使用，后期随着对司机报复动机的调查，网民中出现"同情""平安"等正面的情感。

（3）主题 z_3 指的是关于车上"学生"和乘客的新闻报道和微博评论，从图中可以发现关于"学生"主题的情感表现正面明显高于负面，对于车上的无辜学生，网民大多数的反应是同情和祈祷平安，"祈祷""平安""保佑"等正面情感词被大量使用，负面情感主要是对无辜学生的"揪心""难受"等。

（4）主题 z_4 指的是关于"调查结果"的新闻报道和微博评论，从图中可以发现该主题的情感表现负面高于正面，尤其是 7 月 12 日以后负面情感明显高于正面情感，网民对于政府部门没有及时公布调查结果表示不满，对于公共安全和乘坐公交的恐惧和对于事件善后的质疑，使得"难受""气愤""荒唐"等负面情感词被大量使用。

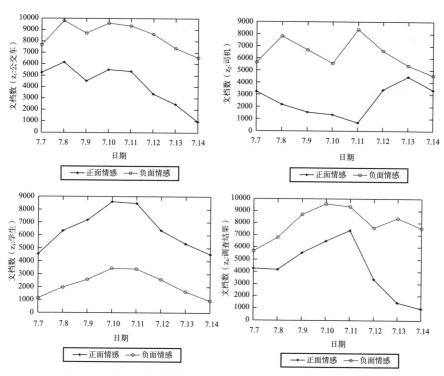

图 5－4　使用 TST 模型估计"贵州公交车坠湖"微博数据集上随时间的主题情感演变（文档数）

第四节　本 章 小 结

　　本章讨论了时间感知情感主题模型（TST）——一种新的基于主题模型的情感和主题动态联合建模的方法。通过一个基于基本事实的评价框架，证明了 TST 在提取准确的主题－情感－时间关联方面优于其他两个模型。同时还以突发事件"贵州公交车坠湖"微博数据集为例对 TST 模型进行了实证研究，发现模型具有很好的实际应用性，有助于分析突发事件中主题情感的演变，发现以往模型无法看到的隐藏现象从而产生广泛的应用前景。

　　作为未来的发展方向，研究 TST 模型的超参数设置将是一个有趣的领域。图 5 - 2 和图 5 - 3 所示的结果表明，与其他主题情感模型相比，TST 对主题情感先验 γ 非常敏感，通常在几次实验后根据经验确定。目前正在进行的一项工作为检验文献中基于最大似然估计的方法（Thomas P. Minka，2012），结果表明这些方法在估计 α 和 β 超参数方面表现良好，但在估计 γ 方面表现较差。我们认为基于 TST 的主题情感分析过程的自动化应该基于用户的交互来指导分析过程。

第六章　网民情感状态分类研究

引　　言

　　基于公共卫生舆情事件评论数据的情感分析的重点在于情感分类模型的构建。由于传统情感分类研究通常为单标签的监督学习，忽视了多种情感可能在同一文本中共存的问题，同时，已有的多标签情感分类方法在提取文本上下文特征时未考虑情感标签之间的相关性，本章重点介绍了本书所构建的多标签情感分类模型，展示了验证模型有效性的相关实验。

第一节　工　作　框　架

　　基于上文构建的公共卫生事件网络舆情语料库，考虑到微博评论短文本的特征和情感标签相关性，本书结合 ALBert 预训练模型、卷积神经网络和情感标签提出一个多标签情感分类模型。研究流程主要分三步：第一步，数据获取及文本向量化，基于上文构建的公共卫生事件网络舆情语料库和公共卫生领域情感词典，抽取训练数据集并进行情感标注，之后应用 ALBert 预训练模型提取文本向量表示；第二步，将数据输入 TextCNN 模型中进行训练，结合文本特征和标签特征进行多标签情感分类；第三步，将本书构建的分类模型与基线模型进行比较。工作流程如图 6 - 1 所示。

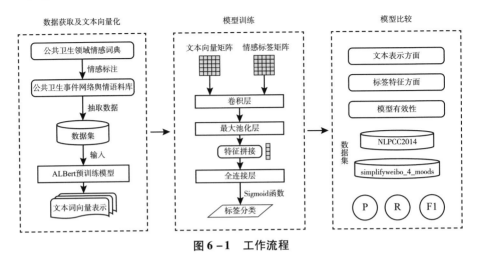

图 6-1 工作流程

第二节 基于 ALBert 模型训练词向量

2018 年 Google 推出了一个基于深度双向编码器预训练的语言理解模型，即 Bert 模型。该模型使用大量的语料进行训练，更加充分地描述了文本序列中的上下文关系，进一步增强了词嵌入模型的泛化能力。ALBert 模型是以轻量化、高效化为目的，基于 Bert 模型改进而来，可以从句子层面融合词汇和上下文语义信息进行动态词向量表示，模型结构如图 6-2 所示。其中，ALBert 模型内部具有多层双向 Transformer 模块，与 Bert 模型相同，两者都使用了 Transformer 结构中的 Encoder 部分；不同的是，ALBert 模型从三个方面进行了改进。

一是对嵌入参数进行因式分解，ALBert 模型通过因式分解来减少参数目标，即先将嵌入词矩阵映射到低维空间进行降维，然后再通过高维映射变换到隐藏层。这样既增大了与上下文相关的隐藏层大小，又使整体的复杂度降低。

二是采用全连接层与注意力层之间参数共享的策略，即将全连接层和注意力层间的参数减为单头，压缩了参数总量，避免参数量随网络深度的增加而增多。

三是解决了 Bert 下句预测（NSP）损失抵消的问题，提出用语序预测（SOP）来代替 NSP 作为训练任务，保证模型学习时关注语句连贯性，使实现 SOP 任务时更符合实际情况。

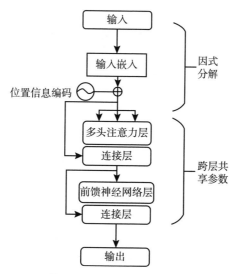

图 6 - 2 ALBert 模型结构

资料来源：Google 推出的语言理解模型。

本书使用 ALBert 模型进行评论文本的词嵌入，将文本向量改变格式后进行编码，得到句子中各字的向量表示。首先将评论文本序列输入 ALBERT 模型，调用内置的 Tokenizen（）函数进行分词操作，Tokenizen（）函数会去除文本中的空格，然后在输入的文本前后增加特殊符号［CLS］和［SEP］。将分词后的文本标记为 Token list，其中包括 input_ids、input_masks 和 segment_ids 三个占位符，得到输入文本的向量表征。

其中，占位符 input_ids 表示字词在 ALBERT 词表中的一维向量，input_masks 表示文本的全局语义信息，segment_ids 表示文本的位置信息，用不同的向量表示文本的不同位置。例如文本"使用超高精度人体热成像测温系统对人员体温进行初筛，可有效提高人员通行率"经过分词后得到的 Token list 为［'使'，'用'，'超'，'高'，'精'，'度'，'人'，'体'，'热'，'成'，'像'，'测'，'温'，'系'，'统'，'对'，'人'，'员'，'体'，'温'，'进'，'行'，'初'，'筛'，'，'，'可'，'有'，'效'，'提'，'高'，'人'，'员'，'通'，'行'，'率'］，在句首、句尾添加特殊符号［CLS］和［SEP］，得到的词向量 input_ids、input_masks 和 segment_ids 参数如图 6 - 3 所示。

```
1  $python3 main.py
2  使用超高精度人体热成像测温系统对人员体温进行初筛，可有效提高人员通行率。
3  feature.input_ids
4  [101, 7270, 3217, 1112, 3299, 7770, 3173, 2825, 3318, 772, 689, 2458, 1355, 1277,
   1423, 3209, 928, 2622, 2825, 3318, 5500, 819, 3300, 7361, 1062, 1385, 1447, 2339,
   3300, 2415, 6822, 6121, 772, 102, 0, 0, 0, 0, 0, 0, 0, 0, 0, 0, 0, 0, 0, 0, 0,
   0, 0, 0, 0, 0, 0, 0, 0, 0, 0, 0, 0, 0, 0]
5  feature.input_masks
6  [1, 1, 1, 1, 1, 1, 1, 1, 1, 1, 1, 1, 1, 1, 1, 1, 1, 1, 1, 1, 1, 1, 1, 1, 1, 1, 1, 0,
   0, 0, 0, 0, 0, 0, 0, 0, 0, 0, 0, 0, 0, 0, 0, 0, 0, 0, 0, 0, 0, 0, 0, 0, 0, 0, 0, 0,
   0, 0, 0, 0, 0, 0, 0, 0]
7  feature.segment_ids
8  [0, 0, 0, 0, 0, 0, 0, 0, 0, 0, 0, 0, 0, 0, 0, 0, 0, 0, 0, 0, 0, 0, 0, 0, 0, 0, 0, 0,
   0, 0, 0, 0, 0, 0, 0, 0, 0, 0, 0, 0, 0, 0, 0, 0, 0, 0, 0, 0, 0, 0, 0, 0, 0, 0, 0, 0,
   0, 0, 0, 0, 0, 0, 0, 0]
```

图 6-3 文本数据向量化

资料来源：ALBert 模型参数示例截图。

ALBert 模型输出的是一个三维向量 output_layer_init，其中包括 batch_size，sequence_length 和 hidden_size 三个参数，将其作为 TextCNN 模型的输入信息进行下游情感分类任务。

第三节 基于 TextCNN-SL 模型的情感分类

卷积神经网络模型主要应用于文本分类领域，它的结构与传统图像的 CNN 网络相同，同样包含输入层、卷积层、池化层和全连接层。不同的是 TextCNN 模型输入的是一个由词向量拼成的词矩阵，并且过滤器的宽和该词矩阵的宽相同，通过设置不同大小的过滤核对文本序列中不同大小的局部特征进行提取，其模型结构如图 6-4 所示。

一、文本表示

输入层：基于上文 ALBert 预训练模型得到文本向量表示 E = [E1，E2，…，En]，其中 Ei 表示文本中第 i 个字的序列化字符，经过多层双向 transformer 编码器训练得到一个相应文本的向量表示矩阵 T = [T1，T2，…，Tn]，将其作为 TextCNN 模型的输入矩阵。

词嵌入矩阵   卷积层   池化层   全连接层

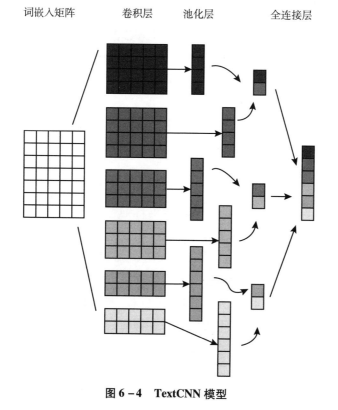

图 6-4　TextCNN 模型

卷积层：主要学习文本序列中的局部特征，原始 TextCNN 模型提供了三种不同大小的卷积核（token 个数分别为 2、3、4），选择不同大小卷积核 $\omega \in Rh \times k$ 对输入层的词向量矩阵 T 进行卷积操作，对大小为 h 的连续窗口进行卷积，具体如式（6-1）所示。

$$C_i = f(\omega \cdot x_{i:i+h-1} + b) \qquad (6-1)$$

其中，C_i 表示卷积得到的第 i 个特征值，f 为 RELU 激活函数，ω 为滤波器的权重矩阵，且 $\omega \in Rh \times k$，$h \times k$ 为选取的滤波器大小，b 代表偏置项，$x_{i:i+h-1}$ 代表文本的第 i 个词到 i+h-1 个词的词向量表示，该滤波器可以应用于 $\{x1:h, x2:h+1, \cdots, xn-h+1:n\}$，用于获得文本不同位置的特征，从而得到一个文本的特征向量。经过一个过滤器卷积后，得到一个特征向量 $C = [C_1, C_2, C_3, \cdots, C_{n-h+1}]$，其中 $C \in Rn-h+1$。本书选择多个过滤器进行特征提取，从而得到不同局部大小的多个特征向量，将多个特征向量拼接后得到原始文本的特征向量表示。

池化层：经过卷积后层处理后，得到的特征向量往往维度很大，需要进行降维处理。本书采用最大池化的方式获取数据局部最优特征，在得到的特征向量中选择最大值代替整个特征向量，最后拼接成一个新的特征向量。设置窗口大小为2、步长为2，在一定程度上保留上下文关系，计算公式见式（6-2）：

$$\tilde{C} = \max(C_1, C_2, \cdots, C_{n-h+1}) \tag{6-2}$$

二、情感标签表示

考虑到情感标签之间的相关性，本书将每一条文本所包含的情感标签作为特征，设总标签个数为 N，则可将每条文本对应的情感标签表示为长度为 N 的序列，即 L = (l1, l2, …, ln)，如图 6-5 所示。根据情感标签数量设置不同维度的情感标签词向量，其余标签均用零向量表示，将所有的情感标签 l1，l2，l3，…，ln 对应的词向量拼接起来，即可得到每条文本的情感标签向量矩阵 Te，基于上文的文本表示方法，同样利用式（6-1）和式（6-2）对情感标签进行卷积处理。该方法加强了文本中多个标签之间的关系，有利于训练过程中参数的选择，提高分类精度。

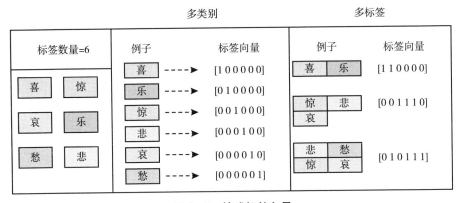

图 6-5 情感标签向量

三、特征连接

基于上述方法，分别对文本词向量表示矩阵 T 和情感标签表示矩阵 Te 进行卷积和池化操作，得到文本特征表示 S′ 和情感标签特征表示 L′。再在连接层将 S′和 L′进行拼接，将所有局部特征结合变成全局特征，作为整个文本的表示，计算过程见式（6-3）。

$$S_1 = S' + L' \tag{6-3}$$

在多分类情况下，Sigmoid 函数允许处理非独占标签，因此在输出层接收特征连接后的文本表示后，使用 Sigmoid 函数进行分类，获得文本中包含每一类情感标签的概率，如式（6-4）所示。

$$Y = Sigmoid(W \cdot S_1 + b) \tag{6-4}$$

其中，Y 表示每个标签的概率向量，W 为权重矩阵。最后，利用交叉熵机制进行参数反向传播训练，直至误差收敛到一个较小的值。

此外，在多标签分类任务中，最后得到的标签可能有 1 个或多个，每一个标签可以作为输出标签的概率都会被量化为一个 0~1 的值，所以当某一个标签对应的输出概率小于 0.5 时，我们认为它不能作为当前句子的输出标签，反之，如果大于等于 0.5，那么它代表了当前句子的输出标签之一。

第四节 实验与验证

一、数据来源

基于上文构建的公共卫生事件网络舆情语料库，从中随机抽取 20000 条评论数据用于训练模型和验证模型，根据构建的公共卫生领域情感词典可知，情感类被分为期待、高兴、喜爱、惊讶、焦虑、悲伤、生气和讨厌八类，按照数字 1~8 对测试集评论数据进行情感标签标注，数据实例如表 6-1 所示。

表 6-1   数据实例

文本	标签
这个太恐怖了，剧毒无比	[6]
太可怕了，一定要查清楚啊	[7]
希望大家都平安无事啊	[1, 2]
赶快查明原因吧，免得人心惶惶的	[5]
愿平安，也希望不要造谣	[1, 2, 8]

标注后对测试集进行筛选，要求每条评论数据至少包含 1 个情感标签，将其中 80% 的数据作为训练集，其余 20% 的数据作为测试集。训练数据集和测试数据集中的情感标签构成情况如表 6 - 2 和表 6 - 3 所示。

表 6 - 2　　　　　　　　　**训练数据集情感标签构成情况**

情感类别	期待	高兴	喜爱	惊讶	焦虑	悲伤	生气	讨厌
标签个数	2527	1843	1279	715	2104	1672	825	634

表 6 - 3　　　　　　　　　**测试数据集情感标签构成情况**

情感类别	期待	高兴	喜爱	惊讶	焦虑	悲伤	生气	讨厌
标签个数	521	228	447	254	574	384	273	218

二、参数设置

本书实验环境采用 64 位的 Windows11 操作系统，处理器型号为 Inter（R）Core（TM）i5 - 11100B 3.6GHz，硬盘大小为 475GB，电脑内存为 4GB，实验平台配置的编程环境为 Python3.7 和 Tensorflow1.15.0 深度学习框架。

ALBert 模型采用 Google 发布的中文预训练网络模型，包括 12 层双向 Transformer 编码器和 64 个多头注意力机制，词向量维度为 64，词表大小为 31128，隐藏层神经元个数为 4280 个，激活函数为 GRLU。

TextCNN 模型以 ALBert 模型预训练得到的词向量进行输入，网络层为 1，隐藏层为 128，激活函数为 RELU，池化策略选择最大池化方式，输出层选择 Sigmoid 函数进行输出，采用 Dropout 和 L2 正则化防止过拟合，Dropout 比例为 0.1，并且选择 Adagrad 进行模型优化和参数更新及迭代。

情感标签按照上文构建的公共卫生领域情感词典进行划分，共分为期待、高兴、喜爱、惊讶、焦虑、悲伤、生气和讨厌八类。

本书所设置的参数主要应用在 ALBert 模型和 TextCNN 模型，通过微调参数提高模型收敛效率。模型训练过程中，设置文本序列最大长度为 100，学习率为 0.0001，迭代次数为 50 次。

三、对比实验设置

为了评估所构建的 ALBert-TextCNN-SL 情感分类模型在多标签网络舆情

文本中的情感分类性能，本书设计了三组对照实验，分别在上述数据集中验证各模型的分类准确率，每组对比实验设置如下。

（1）为了验证 ALBert 预训练模型在文本表示方面优于传统的词向量表示模型，对比实验设置了一个没有使用预训练模型的 TextCNN 模型进行情感分类。按照数据预处理操作，对训练数据集进行数据清洗、分词和去停用词，使用传统 Word2vec 词向量模型获取文本表示，引入卷积神经网络作为文本分类器进行训练，模型分类准确率如表 6－4 所示。ALBert-TextCNN-SL 模型相较于没有使用预训练模型的 TextCNN-SL 模型，情感分类准确率提高了 14.9%。

表 6－4　　　　TextCNN 模型和 ALBert-TextCNN 模型的分类准确率

模型	训练数据集	测试数据集	词向量模型	模型准确率（Accuracy）
TextCNN-SL	11599	2899	Word2vec	73.6%
ALBert-TextCNN-SL	11599	2899	ALBert	88.5%

（2）为了验证标签特征对文本情感分类精度的影响，对比实验设置了一个不考虑标签特征的 ALBert-TextCNN 模型。模型训练过程相同，都是基于 ALBert 预训练模型和多层 Transformer 编码器进行训练，得到文本语义表示，然后将向量表示输入 TextCNN 模型中进行监督式训练，抽取文本序列中不同层次的语义信息。不同的是，本书在此基础上考虑了情感标签之间的相关性，将文本表示和标签特征结合在一起，利用标签强化文本与标签之间的联系。通过实验，模型在精度、召回率和 F1 值三个指标上的表现如表 6－5 所示。可以明显看出，使用标签特征来强化文本和情感标签之间的联系，将这种关联性加入文本之中，能有效提高多标签情感文本的分类准确率。

表 6－5　　　　　　　标签特征对情感分类结果的影响

模型	精度（Precision）	召回率（Recall）	F1 值（F1 - Score）
ALBert-TextCNN	0.819	0.824	0.826
ALBert-TextCNN-SL	0.863	0.851	0.857

（3）为了验证 ALBert-TextCNN-SL 模型的有效性，对比实验选择 ALBert 预训练模型和 ALBert + BiLSTM 模型进行比较。其中，单一 ALBert 预训练模

型获取词向量表示后,采用单一神经元和交叉熵机制实现多标签分类;AL-Bert-BiLSTM 模型会对输入的向量特征进行双向提取,综合考虑了前序和后序文本对当前向量特征的影响,融合了文本的全局语义信息。通过实验,模型在精度、召回率和 F1 值三个指标上的表现如表 6 – 6 所示。通过比较各模型在各项指标上的数据,可以看出 ALBert-TextCNN-SL 模型的分类效果优于其他两种模型。

表 6 – 6　　　　　　　ALBert-TextCNN-SL 模型有效性验证
(基于公共卫生事件网络舆情语料库)

模型	精度（Precision）	召回率（Recall）	F1 值（F1 – Score）
ALBert	0.778	0.753	0.765
ALBert-BiLSTM	0.841	0.830	0.835
ALBert-TextCNN-SL	0.863	0.851	0.857

此外,为了验证本书所构建的多标签情感分类模型的泛化性,分别在具有不同规模、情感分类粒度的公开数据集上进行验证。本书选择了 NLPCC2014 数据集和 simplifyweibo_4_moods 数据集,其中 NLPCC2014 微博文本情感分类数据集包含 14000 条微博和 45431 条语句,标注了七种情感:like, disgust, happiness, sadness, anger, surprise 和 fear; simplifyweibo_4_moods 数据集包含 36 万余条微博数据,分别以数字 0 ~ 3 标注四种情感:0 喜悦、1 愤怒、2 厌恶和 3 低落。数据集构成情况如图 6 – 6 所示。

图 6 – 6　NLPCC2014 数据集

资料来源:NLPCC2014 数据集构成截图。

基于两个公开数据集对模型泛化能力进行评估，实验结果如表 6 - 7 所示。由于 simplifyweibo_4_moods 数据库来源于互联网，被标注文本的情感分布不均，因此在此数据集上四种模型的分类效果均受到影响。相较于公共卫生事件网络舆情语料库，在 NLPCC2014 公开数据集上的分类效果均有所下降，但总体上本书构建的多标签情感分类模型的分类性能还是优于其他三类模型。

表 6 - 7　　　　　　　**模型泛化能力评估（基于两个公开数据集）**

模型	数据集	精度（Precision）	召回率（Recall）	F1 值（F1 - Score）
ALBert	NLPCC2014	0.632	0.735	0.679
ALBert-BiLSTM	NLPCC2014	0.714	0.728	0.721
ALBert-TextCNN	NLPCC2014	0.697	0.703	0.699
ALBert-TextCNN-SL	NLPCC2014	0.731	0.717	0.724
ALBert	simplifyweibo_4_moods	0.657	0.661	0.629
ALBert-BiLSTM	simplifyweibo_4_moods	0.653	0.642	0.647
ALBert-TextCNN	simplifyweibo_4_moods	0.662	0.671	0.666
ALBert-TextCNN-SL	simplifyweibo_4_moods	0.675	0.668	0.671

第五节　本章小结

本章介绍了 ALBert-TextCNN-SL 情感分类模型的主要架构，从训练词向量、抽取文本特征、结合标签特征等方面详细描述了该模型的工作流程。此外，分别从为文本表示、标签特征影响、模型有效性以及不同数据集的影响四个方面设置对照实验，通过实验验证了本书模型在网民情感分类领域具有一定的优越性。

第七章　网民情感状态演变分析

引　言

了解和掌握网络舆情事件中网民情感变化过程对加强网络舆情信息监管和引导舆情走向具有重要意义。本章基于 SnowNLP 模型，以数据采集、数据预处理、训练朴素贝叶斯、舆情生命周期划分作为处理过程，从词频、时间和空间三个可视化维度对新浪微博热门舆情话题进行网民情感演变过程研究。

第一节　研　究　框　架

网络舆情中网民情感分析的业务流程如图 7 - 1 所示，主要有以下四个阶段。

（1）网络舆情数据采集。高效、全面地采集网络舆情评论数据，为后续情感分析研究提供数据支持。

（2）数据预处理。主要包括数据清洗、中文分词、去停用词等操作。

（3）网络舆情中的网民情感计算。基于网络舆情评论数据重新训练情感分析模型，从宏观层面和微观层面分析网络舆情演化过程中的网民情感倾向。

（4）网络舆情中网民情感时空差异分析。在数据挖掘的基础上，划分网络舆情生命周期，以词云的形式展示不同阶段的网络舆情主题词；结合可视化技术实现网络舆情中网民情感在时间和空间维度上的可视化分析。

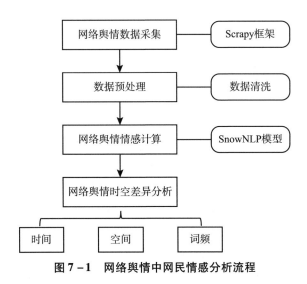

图 7 - 1　网络舆情中网民情感分析流程

第二节　数据采集和预处理

一、数据采集

2020 年暴发的新型冠状病毒肺炎（简称"新冠肺炎"）是全球最严重的突发公共卫生事件，疫情的迅速传播对全球各国经济和社会发展造成严重的影响，在网络上引起巨大的舆论浪潮。2022 年 12 月，考虑到新冠肺炎名称的局限性，中华人民共和国国家卫生健康委员会将其更名为"新型冠状病毒感染"，本书根据互联网社会热点聚合平台知微事见提供的数据，整理出 20 个"新型冠状病毒感染"相关热门话题，如表 7 - 1 所示。

表 7 -1　　　　　　　　　　热门话题

序号	日期	话题名称
1	2019 年 12 月 31 日	武汉发现不明原因肺炎
2	2019 年 12 月 31 日	武汉肺炎未发现明显人传人现象
3	2020 年 1 月 1 日	华南海鲜市场休市整顿
4	2020 年 1 月 2 日	武汉不明肺炎患者转入传染病医院
5	2020 年 1 月 4 日	武汉发现不明原因病毒性肺炎重症 11 例

序号	日期	话题名称
6	2020 年 1 月 5 日	武汉不明原因肺炎已排除 SARS 病原
7	2020 年 1 月 6 日	武汉不明原因肺炎专家答疑
8	2020 年 1 月 9 日	武汉不明原因肺炎病原体为新型冠状病毒
9	2020 年 1 月 20 日	钟南山肯定新型冠状病毒肺炎人传人
10	2020 年 1 月 22 日	新型冠状病毒来源是野生动物
11	2020 年 1 月 23 日	武汉封城
12	2020 年 1 月 26 日	新型冠状病毒传播力比 SARS 更强
13	2020 年 1 月 27 日	中国疾控中心研发新型冠状病毒疫苗
14	2020 年 2 月 6 日	李文亮：疫情吹哨人
15	2020 年 2 月 10 日	钟南山：新冠肺炎病死率远低于 SARS
16	2020 年 3 月 10 日	泉州坍塌酒店系新冠隔离酒店
17	2020 年 3 月 19 日	李文亮医生有关情况调查通报
18	2020 年 4 月 2 日	新冠是人类第一个冠状病毒大流行
19	2020 年 4 月 10 日	火神山医护最难忘的抗疫瞬间
20	2020 年 4 月 15 日	雷神山医院正式休舱

资料来源：知微事见平台。

网络爬虫框架是一个开源、免费的 Web 网页抓取框架，用于从页面中提取结构化的数据，并且模块之间具有低耦合度和高扩展性，应用领域广泛，异步处理请求迅速，是目前 Python 语言中应用最广泛的爬虫框架。网络爬虫框架的应用流程如图 7-2 所示。

网络爬虫框架爬取数据流程为：引擎找到爬虫文件索要第一个要抓取的 URL 地址→将所要抓取的 URL 地址传入调度器中并入队→URL 地址出队列→通过下载器中间件将 URL 地址发送到下载器→下载器根据 URL 地址向互联网发送请求获取响应对象→将回应返回给引擎→引擎通过通信将回应送到爬虫模块进行数据解析→采集数据完成后报告给引擎→引擎向项目管道发送数据信息，进行下一步数据处理。

其中涉及的七个模块功能如下。

（1）引擎（Engine）：负责爬虫、管道、下载器、调度器等模块间的通信。

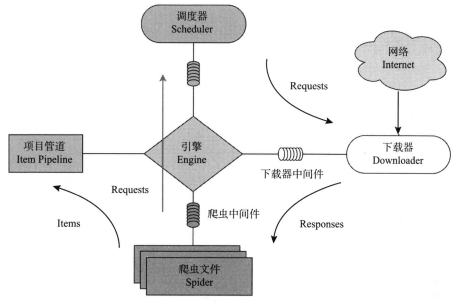

图 7 - 2 网络爬虫框架流程

（2）调度器（Scheduler）：负责接受引擎发送过来的请求，并按照一定方式进行整理排列、入队，当引擎需要时，交还到引擎模块。

（3）下载器（Downloader）：负责下载引擎发送的所有请求，并将其获取的回应交还给引擎，由引擎交给爬虫模块处理。

（4）爬虫（Spider）：负责处理所有的回应，从中提取数据，并将需要跟进的 URL 链接提交给引擎，再次进入调度器。

（5）管道（Item Pipeline）：负责处理爬虫模块中获取到的数据，并进行后期处理。

（6）下载中间件：自定义扩展下载功能的组件。

（7）爬虫中间件：操作引擎和爬虫中间通信的功能组件。

基于 Python 语言的网络爬虫框架实现对微博评论数据的采集。在爬取数据之前，首先需要根据舆情事件关键词检索微博。根据表 7 - 1 中的热门话题名称进行微博检索，由于新浪微博检索设置每页仅展示 10 条微博，需要获取搜索页面分页的全部 URL 地址，将其保存到 URL 列表中，然后遍历 URL 列表，循环使用 xpath 解析页面中的所有数据信息，同时输出数据存储文件 weibo_data. json，再从 JSON 文件中提取所需数据字段。在爬取数据的同时，调用网络爬虫框架的 spiderPipeline 类保存数据，使用 PostgreSQL 数据库接口 psycopg2 对数据库进行操作。微博数据结构包括微博 id、用户 id、微博内容信息、微博发布时间、点赞数、评论数、转发数、发布微博地理位置等基本信息。数据库存储结构见表 7 – 2。

表 7 – 2 数据库基本信息

字段名	说明	数据类型
Event_name	事件名称	character varying
Weibo_id	微博 id	character
User_id	用户 id	bigint
User_location	用户注册位置	character varying
Weibo_content	微博评论内容	character varying
Weibo_time	微博发布时间	timestamp without time zone
Like_counts	微博点赞数	integer
Comment_counts	微博评论数	integer
Repost_counts	微博转发数	integer
Sentiment	微博情感值	numeric

二、数据预处理

获取数据后还需要对数据进行相关清洗工作。参考第三章中数据预处理相关工作，数据清洗的步骤分两步，第一步是利用 Python 正则表达式对采集到的评论数据进行清洗，包括删除空白文本、功能符号、URL 链接、表情和图片等信息，相关代码如图 7 – 3 所示；第二步是基于 jieba 分词库和停用词文档对文本进行中文分词和去停用词操作，其中停用词表整合了百度停用词表、哈工大停用词表、四川大学机器智能实验室停用词表和 jieba 停用词表，共含 3137 个停用词，通过删除文本数据中包含的停用词，避免无关词汇的干扰，以此提高情感分析结果的准确性。

```
1  def clean(contentlist):
2      contentlist = re.sub(r"(回复)?(//)?)?\s*@\S*?\s*(:|$)", " ",
   contentlist) # 去除正文中的@和回复/转发中的用户名
3      contentlist = re.sub(r"\[\S+\]","", contentlist)
4      # contentlist = re.sub(r"#\S+#","", contentlist)
5      URL_REGEX = re.compile(
6          r'(?i)\b((?:https?://|www\d{0,3}[.]|[a-z0-9.\-]+[.][a-z]
   {2,4}/)(?:[^\s()<>]+|\((([^\s()<>]+|(\(([^\s()<>]+\)))*\))
7          re.IGNORECASE)
8      contentlist = re.sub(URL_REGEX, "", contentlist) # 去除网址
9      contentlist = contentlist.replace("转发微博", "") # 去除无效信息
10     contentlist = re.sub(r"\s", " ", contentlist) # 去除空格
11     return contentlist.strip()
```

图 7 - 3　数据清洗相关代码

资料来源：Python 代码截图。

第三节　基于 SnowNLP 的网民情感
状态演变分析

一、网民情感计算

文本情感分析是对带有情感色彩的主观性文本进行分析和预测的过程，并基于情感态度和观点分析情感在时间和空间上的演化规律。SnowNLP 是一个基于 Python 的自然语言处理第三方库，它的技术框架参考了英语自然语言处理工具库 TextBlob，能更好地处理中文文本信息。SnowNLP 库包含了中文分词、词性标注、情感分析、拼音标注、提取关键词和摘要、计算词频和逆文档频率、繁简体转换、文本断句和文本相似度计算九大功能，在进行文本情感分析时，只需调用 SnowNLP 库中的 sentiments 方法即可进行情感值的计算，其底层逻辑是基于朴素贝叶斯算法的情感分类器。

由于 SnowNLP 模型的默认数据训练集主要来源于电子商务商品评论，其语言特点和网络舆情文本有较大差距，会导致网络舆情情感分析的结果出现误差，因此需要使用网络舆情文本数据重新训练模型。首先，从数据库 Weibo_content 字段中随机抽取评论文本，人工对其标注情感倾向，筛选出包含积极情感的文本和包含消极情感的文本各 1500 条，分别保存至 pos. txt

和 neg. txt 文档作为训练数据集。然后利用朴素贝叶斯分类器重新进行训练，以文本"希望尽快查出源头……"为例，将其转化为向量 X = ｛"希望"，"尽快"，"查出"，"源头"｝，根据贝叶斯公式有：

$$P(C \mid X) = \frac{P(C)P(C \mid X)}{P(X)} \tag{7-1}$$

式（7-1）中，P(C) 指模型的先验概率，即样本数据中各类样本所占比例；P(C|X) 是样本 C 相对于模型的条件概率，贝叶斯模型的训练过程实际上是统计每一个特征出现的频次，以概率表示情感倾向度。

本书通过设置情感分类阈值 λ 来提高情感分类准确率，实验对比新旧模型在不同分类阈值下的情感分类准确率，如图 7-4 所示。经过测试，新模型的情感分类准确率整体高于旧模型，当情感分类阈值 λ = 0.55 时，新模型的情感分类准确率可以达到 96.7%。将情感值小于 0.55 的文本定义为消极情绪文本，情感值大于等于 0.55 的文本定义为积极情绪文本，经过统计情感值分数发现，积极情绪文本占比 63.4%，消极情绪文本占比 36.6%，说明大部分网民面对新型冠状病毒感染时表现出乐观积极的态度。新旧模型的情感分析结果对比如表 7-3 所示，得到的情感值保存至数据库中的 sentiment 字段。

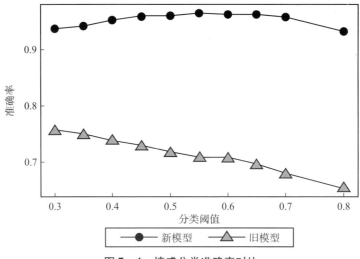

图 7-4　情感分类准确率对比

表 7 - 3	情感分析结果对比	
文本内容	旧模型情感值	新模型情感值
万事如意，人人平安	0.6753	0.9541
天呐没事吧，过两天想去武汉玩呢	0.4325	0.1892
一切顺利，相信国家	0.4261	0.9392

二、网民情感状态时空演变分析

网络舆情在不同时间阶段呈现出不同的演化特征，并在空间制约下表现出一定的分布规律，本书分别从时间和空间维度探究网络舆情事件的网民情感状态分布，从情感角度分析舆情事件的演变趋势。

1. 舆情生命周期

网络舆情的演化遵循一定的生命周期特征。从发展周期来看，网络舆情可以分为潜伏期、爆发期、波动期和衰退期四个必经阶段，潜伏期表现为网络舆情突发事件的端倪已然出现，但是由于内部或外部原因未显化出来；爆发期表现为网络能量聚集，舆情借助互联网迅速扩散，引起较大范围的舆论热度；波动期表现为出现意见领袖传播个人观点，逐渐形成舆论主要意见，网民出现跟风行为；衰退期表现为网络舆情热度和社会关注度逐渐降低，网络讨论数量减少。为了更好地表达网络舆情的网民情感变化与特征，本书结合情感值分数和百度搜索指数（见图 7 - 5）将突发公共卫生事件"新型冠状病毒感染"划分为 5 个阶段，如表 7 - 4 所示。

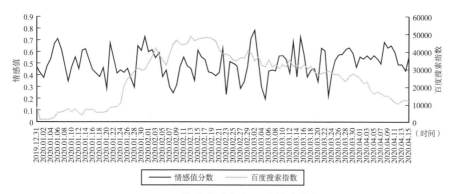

图 7 - 5　情感值分数和百度搜索指数

表 7 - 4	新型冠状病毒感染舆情阶段划分	
阶段	时间	舆情演化周期
阶段一	2019 年 12 月 31 日 ~ 2020 年 1 月 17 日	萌芽期
阶段二	2020 年 1 月 18 日 ~ 2020 年 2 月 9 日	快速上升期
阶段三	2020 年 2 月 10 日 ~ 2020 年 2 月 19 日	集中暴发期
阶段四	2020 年 2 月 20 日 ~ 2020 年 4 月 15 日	平稳下降期
阶段五	2020 年 4 月 16 日至今	衰退波动期

2. 主题词云分布

词云又称标签云，是用来展示文本数据中出现频率较高的关键词，从而快速地了解文本主题内容。词云使用的编码通道是词语本身，其中最常见的编码方式是用字体大小表示词频，除此之外，还可以使用颜色、透明度、符号等作为词频的冗余编码。

微词云在线词云平台功能强大、方便快捷，导入文本数据后即可自动生成词云图，并且可以在生成词云之后重新设定图形的轮廓、文字的颜色、大小、朝向等，用户还可以对已有词云中的单词再次修改，而不破坏词云原有的紧凑性和结构性。本书使用微词云在线词云平台构建不同时间阶段下的网络舆情词云图，从数据库的 Weibo_content 字段中提取相应时间的文本数据，将其先后导入微词云平台，得到阶段词云图如图 7 - 6 至图 7 - 10 所示。

图 7 - 6　阶段一词云图

图 7-7 阶段二词云图

图 7-8 阶段三词云图

图 7-9 阶段四词云图

图 7-10 阶段五词云图

资料来源：微词云平台输出。

从词云图中可以直观地看出不同舆情阶段下微博话题差异，"武汉""加油""疫情"等话题词贯穿舆情周期的各阶段，是网民讨论的热点和关注的核心。在舆情初期，由于缺乏对新冠肺炎病毒的认识和了解，各种谣言在互联网上扩散，网民在面对陌生的事情时往往会产生担忧、恐慌等情绪；与阶段一不同，阶段二时网民关注的话题转移到防疫防控上，频繁出现"政府""口罩""物资"等话题词，此阶段的网民情感值开始回升，网民从恐慌、害怕等消极情绪逐步趋于正向；阶段三时期，网络舆情的热度达到顶峰，情感值波动增大；阶段四时期，世界卫生组织宣布新冠肺炎为全球大流行，疫苗的推广也在加速，网民开始关注复工复学、国外疫情等情况，经过几个月艰苦抗疫，似乎接近疫情尾声；阶段五疫情相关话题热度减少，全国大部分地区已经度过新冠病毒传染高峰期，疫情逐步平息。

3. 时间变化特征

本书以五个阶段为固定时间间隔，统计各阶段各种情绪的文本数据，研究网络舆情下网民情感的阶段分布特征。宏观角度下情感类别被分为积极情感和消极情感，微观角度下按照公共卫生领域情感词典的分类，将情感类分为期待、高兴、喜爱、惊讶、焦虑、悲伤、生气和讨厌八类。分别计算宏观角度和微观角度下的情感倾向占比，如图 7 - 11 和图 7 - 12 所示，将情感用不同颜色区分，分析舆情事件的情感变化情况。

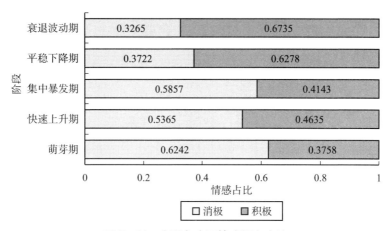

图 7 - 11　宏观角度下情感倾向占比

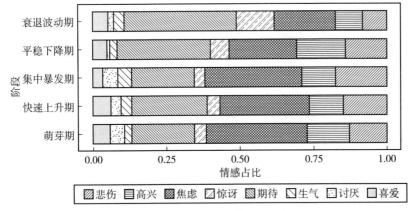

图 7-12　微观角度下情感倾向占比

　　如图 7-11 和图 7-12 所示,不同情感类的变化情况存在差异性和互补性。在舆情快速上升阶段,情感"期待"占比大幅增加,情感"焦虑"占比大幅减少;而在集中暴发阶段,情感"期待"占比降低,情感"焦虑"占比有所增加。不同情感既存在同步变化也存在异步变化,疫情初发时公众较多表现出恐慌、焦虑心理,积极情感占比较小;在快速上升期,政府等相关部门一方面积极推出相应的防疫措施,另一方面通过社交媒体官方平台引导舆论,"武汉加油""中国加油""打赢疫情防控攻坚战"等热搜使公众战胜疫情的信心大幅增加,积极情感占比上升;虽然及时有效的防疫工作报道能缓解焦虑,但是在疫情集中暴发期,出现较多社会防疫漏洞、物资严重不足、责任落实不到位等问题,使公众消极情绪持续发酵;疫情平稳时期,随着疫情得到基本控制,健全透明的防疫政策和措施的有力推行,情感"期待""高兴"占比大幅增加,悲伤、焦虑等情感占比显著降低,舆情负面情绪逐渐转变为赞美、支持等积极情绪。

　　4. 空间分布特征

　　本书以省级行政区为划分单元,五个舆情演变阶段为固定时间间隔,将包含情感色彩的文本数量在空间维度上进行展示,有助于从空间信息上分析网民的情感演变情况。由于积极情感和消极情感具有互补性,因此本书从"积极情感"的角度设计空间分布表,如表 7-5 所示。

表7-5 全国各地区情感值时空分布

地区	皖	京	渝	闽	甘	粤	桂	黔	琼	冀	豫	黑	鄂	湘	吉	苏	赣	辽	蒙	宁	青	鲁	晋	陕	沪	川	津	藏	新	滇	浙	港澳	台湾
萌芽期	39	24	44	24	24	39	54	39	49	24	44	19	44	39	49	24	49	49	24	24	24	24	44	54	24	49	24	24	24	24	39	39	24
上升期	66	38	38	62	62	42	50	62	42	62	50	38	62	50	42	62	62	66	66	62	66	50	50	66	62	50	38	50	66	50	42	42	50
暴发期	54	46	54	42	54	46	62	38	62	62	54	54	62	62	46	46	66	54	66	46	62	54	46	66	62	54	62	62	42	54	54	42	38
下降期	55	50	50	55	50	46	55	55	55	55	43	40	61	50	40	40	61	49	61	43	43	55	50	61	61	52	61	61	61	55	55	43	55
衰退期	63	45	54	60	63	54	57	57	45	45	63	48	63	54	54	60	57	54	54	42	42	54	54	63	60	63	45	60	63	57	60	54	45

142

从表 7 - 5 中可以发现，部分相邻省份的社会情感分布相似，如江苏、浙江等沿海地区以及西藏、新疆等西北地区情感相似度较高。情感状态也与所在区域疫情严重程度相关，从疫情出现到衰退的过程中，感染人数较低的省份（如西藏、甘肃、新疆等）群体情感始终偏向积极方向；湖北是最早开始应对新冠肺炎疫情工作的省份，在精准施策、科学防治的要求下，湖北省确诊人数大幅减少，公众也从恐慌、害怕等情绪转变为对医护人员的感谢和支持；在疫情得到有效控制后，由于部分沿海地区（如广东、福建等）受境外输入疫情影响，积极情感占比有所下降。

此外，事件也是影响社会情感变化的重要因素，疫情防控期间发生的热门事件，如"武汉封城""武汉百步亭社区违规举办万家宴""湖北省红十字会物资使用情况引发质疑"等一些负面事件在互联网上频繁引起热议，公众对防疫工作评价趋向负面。在疫情趋于缓和阶段，因过度防疫而产生的其他问题在网络上又产生热议，比如"丹东父女看病闯卡被拦后袭警"事件，在讨论、传播过程中矛盾被进一步激发，引起网民激烈讨论。在疫情暴发阶段，河南"硬核防疫"被公众称赞，积极情感在同时期显著提升，此后由于"郭某鹏返乡"案件导致河南防疫防控工作被质疑存在漏洞和违规，河南负面情绪占比明显提高。随着武汉雷神山、火神山医院宣布正式休舱闭院，国内防疫工作取得阶段性胜利，社会舆论评价倾向趋于正面。

第四节　本 章 小 结

本章介绍了基于网络爬虫框架的数据采集流程，并对采集到的数据进行预处理工作，主要包括数据清洗、文本分词和去除停用词，之后得到用于情感分析任务的数据集。随后基于 SnowNLP 模型展开文本情感分析：在网络舆情中网民情感计算方面，使用网络舆情文本数据重新训练 SnowNLP 模型，情感值计算优于初始模型；在网络舆情时空差异分析方面，从舆情生命周期、主题词云分布、时间变化特征以及空间分布特征角度对网络舆情事件的网民情感状态进行可视化情感演变分析。

第八章　网民情感状态预测研究

引　　言

　　情感预测研究主要从情感角度对网民情感状态的演变趋势进行分析，以便预先提出有针对性的舆情应对措施。目前已有大量研究利用情感分析等技术对公众情感信息进行分析与预测，虽然可以有效预测网络舆情的演变趋势，但都没有考虑到情感类间的相关性。本章结合情感分析与数据挖掘技术提出一种情感预测模型，采用关联规则算法挖掘不同情感状态之间的关联关系，运用马尔可夫链构造情感状态转移矩阵预测情感状态的迁移概率，探索舆情事件下网民情感演变规律和迁移趋势。

第一节　模型框架

　　基于上文构建的多标签情感分类模型，本章结合数据挖掘和情感分析技术提出一种网络舆情情感预测模型，模型主要分为三部分内容，分别是数据获取、数据预处理和情感转移概率计算。第一部分，基于上文采集到的网络舆情事件"新型冠状病毒感染"的微博评论获取实验数据；第二部分，对数据文本进行去重、分词、去除停用词等数据预处理操作，并基于多标签分类模型对包含情感色彩的文本进行分类，每一条文本可能包含1个或多个情感标签；第三部分，结合关联规则（Apriori）算法和马尔可夫模型计算情感转移概率，分别从宏观和微观层面验证网络舆情情感预测结果。模型具体流程如图 8 - 1 所示。

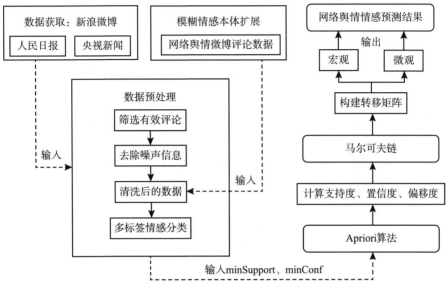

图 8 - 1　网络舆情中网民情感状态的预测模型流程

第二节　关联规则扩展

关联规则反映了一个事物与其他事物之间的依存性和关联性，是数据挖掘中的一项重要技术。Apriori 算法作为关联规则挖掘的经典算法之一，通过分析不同事项之间的联系，根据支持度、置信度等相关规则获取不同事项之间的强关联规则，用于从大量数据中挖掘出有价值的数据关系。本书将关联规则应用到情感分析中，通过挖掘网络舆情评论中网民情感之间的关联性，探索舆情演变过程中的情感变化。除传统关联规则计算的支持度和置信度外，我们提出偏移度来表示一种情感向另一种情感转变的趋势。拓展后的Apriori 算法主要由三个过程组成：迭代找出最大的频繁项集、依次产生强关联规则和计算情感类间的偏移度。支持度、置信度和偏移度的计算公式如式（8 -1）至式（8 -3）所示：

$$\text{Support}(A, B) = \frac{\text{Freq}(A, B)}{N} \qquad (8-1)$$

$$\text{Confidence}(A \Rightarrow B) = \frac{P(A, B)}{P(A)} = \frac{\text{Support}(A, B)}{\text{Support}(A)} \qquad (8-2)$$

$$\text{Deviation}(A \rightarrow B) = \begin{cases} \dfrac{\text{Freq}(A)}{N - \text{DataNum}}, & A = B \\ \dfrac{\sum\limits_{n=2}^{k} \text{Confidence}_n(A \rightarrow B)}{n - 1}, & A \neq B \end{cases} \qquad (8-3)$$

其中，A、B 表示不同事件，N 表示事务数据集总数，DataNum 表示包含 2 种或 2 种以上情感类的数据集个数，n 表示频繁 – n 项集，k 表示最大的频繁项集项数，Freq(A) 表示事件 A 出现的频次。支持度表示事件 A 和事件 B 同时出现的概率，置信度表示在事件 A 出现的情况下事件 B 也出现的概率，偏移度反映了事件 A 和事件 B 之间的转移性。具体算法过程如表 8 – 1 所示。

表 8 – 1 关联规则算法过程

步骤	操作
1	扫描整个数据集，挑选出所有出现过的特征构成候选 1 项集
2	找出最大的频繁 k 项集： ①分别计算候选 k 项集中各项的支持度（k 从 1 开始） ②剪除候选 k 项集中支持度低于阈值的数据集，得到频繁 k 项集（如果所得的频繁 k 项集为空，则返回频繁 k – 1 项集的集合作为结果，算法结束） ③基于频繁 k 项集，连接生成候选 k + 1 项集
3	转入步骤 2，迭代获取 k = k + 1 项集的结果
4	对于每个频繁项集 L，生成 L 的所有非空子集
5	对 L 的每个非空子集 S： 如果 Support（L）/Support（L – S）≥minConf，则输出关联规则（L – S）→S
6	根据情感类出现的频次计算相同情感类间的偏移度
7	根据关联规则（L – S）→S 在不同频繁项集中的置信度，计算不同情感类的偏移度

第三节 构建情感转移矩阵

马尔可夫模型是一种统计模型，马尔可夫将事件中的随机变量作为节点，若两个随机变量之间相关则用一条"边"连接，当存在若干个随机变量时形成一个有向图，即构成一个网络，将这个有向图用线性链的方式展开则得到马尔可夫模型。马尔可夫过程是一个具备马尔可夫性质的随机过程，而时间离散、状态离散的马尔可夫过程称为马尔可夫链。根据马尔可夫链的稳定收敛定理，转移矩阵 P 经过一定次数序列的转换后，最终收敛为一个稳定的概率分布。本书计算的情感转移概率为马尔可夫链的一步转移概率，并且情感转移概率不依赖于时间 t，此时得到的非周期马尔可夫链具有平稳的转移概率，在此基础上进行的情感转移预测具有一定的稳定性。

假设过程中的序列状态如下：

$$\cdots, X_{t-2}, X_{t-1}, X_t, X_{t+1}, X_{t+2}, \cdots \qquad (8-4)$$

那么在 X_{t+1} 状态下的转移概率仅取决于 X_t 时的状态，即：

$$P(X_{t+1} \mid \cdots, X_{t-2}, X_{t-1}, X_t) = P(X_{t+1} \mid X_t) \qquad (8-5)$$

在已知目前状态的情况下，事件未来的演变不依赖于它过去的演变，每个状态的转移只与之前一个状态有关。同理，网民的情感状态具有独立性，不依赖于历史情感状态的演变，每种情感类别的转移只与之前一个情感类别相关，因此我们引入马尔可夫模型对网民情感状态的变化进行预测。定义矩阵 P 某一位置 P(i, j) 的归一偏移度为 P_{ij}，即从情感 i 转移到情感 j 的概率，则得到的马尔可夫链模型的情感转移概率矩阵为式（8-6）：

$$P = \begin{bmatrix} P_{11} & P_{12} & \cdots & P_{1n} \\ P_{21} & P_{22} & \cdots & P_{2n} \\ \vdots & \vdots & \vdots & \vdots \\ P_{n1} & P_{n2} & \cdots & P_{nn} \end{bmatrix} \qquad (8-6)$$

第四节　数据验证

关联规则的确定和马尔可夫状态转移矩阵的确定需要有前提条件：第一，关联规则的频繁项集显著；第二，状态转移矩阵符合稳定概率分布。以下分别从数据选择、数据显著性和稳定概率分布角度对数据进行验证。

一、数据选择

本章选择的数据来源是基于上文采集到的"新型冠状病毒感染"相关热门话题微博评论，以"武汉发现不明原因肺炎"为检索关键词抽取相关评论数据，通过数据清洗等预处理操作后，利用上文构建的 ALBert-TextC-NN-SL 情感分类模型对文本数据进行情感标签分类，共得到 12997 条标记情感标签的微博评论。

二、数据显著性

频繁项集是指频繁出现在数据库中情感类的集合，并且在数据库中满足最小支持度。将清洗、标注后的数据导入关联规则 Apriori 算法，由于关联规则至少需要两种情感参与，因此只需考虑频繁 2 项集和频繁 3 项集，在满足最小支持度和最小置信度的条件下，不同项数的频繁项集结果如表 8 – 2 和表 8 – 3 所示。

表 8 – 2　　　　　　　　　　　　频繁 2 项集数量　　　　　　　　　　单位：个

频繁 2 项集	数量	频繁 2 项集	数量	频繁 2 项集	数量
［期待，高兴］	2624	［讨厌，期待］	971	［喜爱，悲伤］	106
［高兴，焦虑］	928	［期待，喜爱］	76	［喜爱，生气］	101
［期待，悲伤］	870	［高兴，喜爱］	52	［讨厌，喜爱］	12
［悲伤，期待］	384	［讨厌，高兴］	427	［惊讶，焦虑］	10
［高兴，惊讶］	246	［焦虑，悲伤］	1420	［惊讶，生气］	10
［高兴，悲伤］	802	［喜爱，焦虑］	168	［讨厌，惊讶］	10
［期待，焦虑］	896	［惊讶，悲伤］	276	［焦虑，生气］	4
［高兴，生气］	264	［喜爱，惊讶］	14	［讨厌，焦虑］	4
［悲伤，惊讶］	261	［悲伤，高兴］	144	［生气，讨厌］	55

表 8 – 3　　　　　　　　　　　　频繁 3 项集数量　　　　　　　　　　单位：个

频繁 3 项集	数量	频繁 3 项集	数量
［期待，高兴，惊讶］	238	［期待，高兴，讨厌］	119
［期待，高兴，悲伤］	312	［高兴，焦虑，悲伤］	170
［期待，高兴，喜爱］	20	［期待，焦虑，悲伤］	358
［期待，高兴，焦虑］	334	［高兴，焦虑，生气］	68
［惊讶，焦虑，生气］	138	［喜爱，悲伤，讨厌］	105

三、稳定概率分布

本书构建的情感转移概率矩阵包含八个维度：期待、高兴、喜爱、惊讶、焦虑、悲伤、生气和讨厌，每一个情感类都能以一定的概率转移到另一个情感。以"期待"为例，假设当前初始概率分布 P 分别为：

$$P = [0.1, 0.15, 0.1, 0.15, 0.05, 0.1, 0.1, 0.25] \quad\quad (8-7)$$

$$P = [0.2, 0.15, 0.05, 0.1, 0.15, 0.1, 0.1, 0.15] \quad\quad (8-8)$$

分别将式（8-7）和式（8-8）作为序列概率分布的初始状态 t_0，代入情感转移概率矩阵计算 t_1，t_2，t_3，…，t_n 的状态，结果见表8-4和表8-5。

表8-4　　　情感类"期待"的转移概率分布（基于式8-7）

迭代次数	期待	高兴	喜爱	惊讶	焦虑	悲伤	生气	讨厌
1	0.45123661	0.40366528	0.02524965	0.03274822	0.04206887	0.03961579	0.00101321	0.00440237
2	0.43274974	0.42226447	0.02291784	0.03194413	0.04206294	0.04303995	0.00081373	0.00420722
……								
79	0.4388053	0.41612946	0.02293637	0.03171892	0.04220093	0.04320985	0.00083732	0.00416179
80	0.4388053	0.41612946	0.02293637	0.03171892	0.04220093	0.04320985	0.00083732	0.00416179
……								
100	0.4388053	0.41612946	0.02293637	0.03171892	0.04220093	0.04320985	0.00083732	0.00416179

表8-5　　　情感类"期待"的转移概率分布（基于式8-8）

迭代次数	期待	高兴	喜爱	惊讶	焦虑	悲伤	生气	讨厌
1	0.45123661	0.40366528	0.02524965	0.03274822	0.04206887	0.03961579	0.00101321	0.00440237
2	0.43274974	0.42226447	0.02291784	0.03194413	0.04206294	0.04303995	0.00081373	0.00420722
……								
59	0.43880533	0.41612946	0.02293637	0.03171892	0.04220093	0.04320985	0.00083732	0.00416179
60	0.43880532	0.41612946	0.02293637	0.03171892	0.04220093	0.04320985	0.00083732	0.00416179
……								
100	0.43880532	0.41612946	0.02293637	0.03171892	0.04220093	0.04320985	0.00083732	0.00416179

根据表8-4和表8-5可以发现，尽管采用了不同的初始概率分布，最终情感转移的概率分布趋于同一个稳定的概率分布，即马尔可夫链模型的情感转移矩阵收敛到稳定概率分布与初始概率分布无关，也证明了所得到的情感概率转移矩阵符合稳定概率分布。

第五节　情感转移实验分析

为了探究不同粒度下的情感分类是否会对舆情预测结果造成影响，分别从宏观和微观两个层面对网络舆情事件中的情感转移概率进行预测。

一、宏观层面

宏观层面分为积极情感和消极情感，在模糊情感本体的基础上将期待、高兴、喜爱和惊讶标记为积极情感，将焦虑、悲伤、生气和讨厌标记为消极情感。将分类过后的评论数据重新进行情感极性标注（0表示包含消极，1表示包含积极），设置最小支持度和最小置信度阈值为0.01，把已标注数据和参数导入所构建的预测模型中，得到的情感状态转移矩阵如表8-6所示。

表8-6　　　　　宏观层面下的情感状态转移矩阵　　　　　单位：%

情感状态	积极	消极
积极	87.43%	12.57%
消极	67.68%	32.32%

使用蜜蜂群图表示迭代100次预测过程后的结果，如图8-2所示。横坐标表示舆情发生后的天数，纵坐标表示情感转移的概率。Group图例表示舆情发生后第1~7天的情感转移概率预测样本，点的分布位置能充分体现转移概率数据的分布。从图8-2中可以看出随着天数的增加，积极情感和消极情感的转移概率均在第四天趋于平稳，其中消极情感的转移概率变化幅度最大达到18%，而积极情感的转移概率变化幅度最大仅为3%。

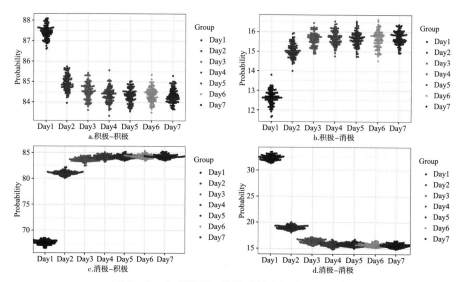

图 8 - 2　宏观层面下的情感转移概率预测结果

资料来源：Group 图例输出。

二、微观层面

微观层面根据模糊情感本体将情感分为八种类别：期待、高兴、喜爱、惊讶、焦虑、悲伤、生气和讨厌，分别以标号 1 至标号 8 表示。首先设置最小支持度和最小置信度阈值为 0.01，其次将处理后的评论数据进行情感标注（若评论中包含期待情感词，则标注序号 1；若评论中包含高兴情感词，则标注序号 2，以此类推），最后将参数和已标注数据导入所构建的预测模型中。得到的情感状态转移矩阵如表 8-7 所示。

表 8-7　　　　　　　　　　微观层面下的情感状态转移矩阵

情感类	期待	高兴	喜爱	惊讶	焦虑	悲伤	生气	讨厌
期待	0.191242155	0.641134723	0.022728558	0.027351162	0.061669022	0.049245216	—	0.006629164
高兴	0.676071663	0.197102486	0.027961605	0.02396709	0.038946521	0.030957492	0.001997257	0.002995886
喜爱	0.434829638	0.467301244	0.021633315	0.001698513	0.03760819	0.035264846	0.001664254	
惊讶	0.652644655	0.314430974	—	0.004301916	0.001574623	0.026202581	0.000845251	—
焦虑	0.433274544	0.384038801	0.019694297		0.094062316	0.068930042		
悲伤	0.500095694	0.298087655	—	0.01923445	0.067320574	0.115215311	0.000046316	

续表

情感类	期待	高兴	喜爱	惊讶	焦虑	悲伤	生气	讨厌
生气	—	0.692592592	0.007166846	—	0.268432112	0.015136589	0.007407408	0.009264453
讨厌	0.673381159	0.299552296	0.006846124	0.004632156	0.000684522	—	—	0.014903743

资料来源：笔者自制。

接下来研究各情感类的转移概率，横坐标表示递进的天数，纵坐标表示情感转移概率，变量以"原始情感－转移后的情感"的形式表示，即 1－2 表示情感"期待"转移为情感"高兴"的概率，1－3 表示情感"期待"转移为情感"喜爱"的概率，2－1 表示为情感"高兴"转移为情感"期待"的概率，2－2 表示情感"高兴"不发生转移的概率，以此类推。

图 8－3 和图 8－4 分别描述了情感"期待"和情感"高兴"的转移概率。图中每个时间点的情感转移概率不尽相同，随着天数的增加，情感"期待"和情感"高兴"相互转移的概率呈波动式下降，而情感"期待"和情感"高兴"保持不变的概率呈波动式上升，其转移概率都在42%附近趋于稳定。除此之外，情感"期待"和情感"高兴"向其他情感转移的概率均在10%以下，并在舆情演化前期出现小幅变化后迅速趋于稳定。

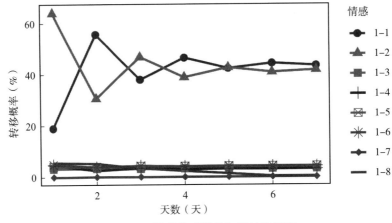

图 8－3　情感类"期待"的转移概率

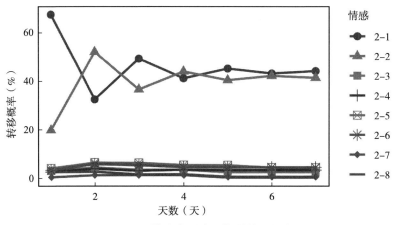

图 8 - 4　情感类"高兴"的转移概率

图 8 - 5 和图 8 - 6 描述了情感"喜爱"和情感"惊讶"的转移概率。在舆情演化过程中，情感"喜爱"的转移方向较明确，一方面情感"喜爱"向情感"期待"转移的概率均保持在 43%，向情感"高兴"转移的概率从 50% 降低到 42% 并保持稳定；另一方面，其余情感的转移概率变化幅度均较小，并且在第二天后趋于稳定。情感"惊讶"的转移概率变化不同于以上三种情感，消极情感的转移概率变化程度明显优于积极情感。情感"惊讶"向情感"悲伤"的平均转移概率为 44.2%，向情感"焦虑"和情感"生气"的平均转移概率分别为 21.56% 和 23.45%，向其余积极情感的转移概率均在 5% 以下。

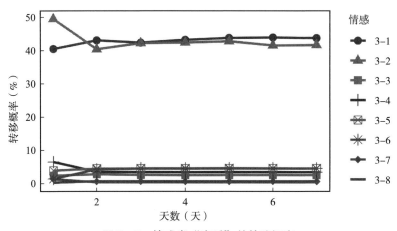

图 8 - 5　情感类"喜爱"的转移概率

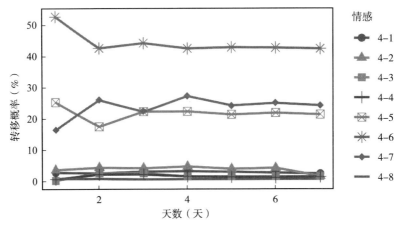

图8-6 情感类"惊讶"的转移概率

图8-7和图8-8描述了情感"焦虑"和情感"悲伤"的转移概率。根据图8-7，情感"焦虑"向情感"期待"和情感"悲伤"的转移概率明显高于其他情感，稳定时分别达到43%和41%，而情感"焦虑"向其他情感转移的概率会在舆情爆发早期出现一定幅度的增加或减少，而后趋于稳定，由此看来情感"焦虑"的转移方向并不确定，既有可能向积极情感转移，也有可能向消极情感转移。图8-8中情感"悲伤"则有更大概率向情感"高兴"和情感"惊讶"转移，两种情感都为积极情感，其余情感的转移概率稳定时均未超过5%，因此情感"悲伤"在转移过程中更偏向于积极情感。

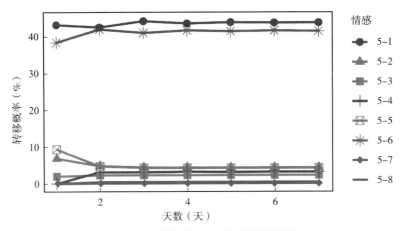

图8-7 情感类"焦虑"的转移概率

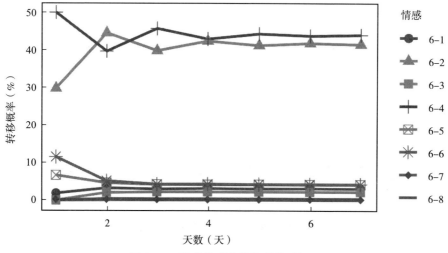

图 8-8 情感类"悲伤"的转移概率

图 8-9 和图 8-10 描述了情感"生气"和情感"讨厌"的转移概率。情感"生气"向情感"高兴"转移的概率在舆情前期变化较大,其余情感的转移概率变化趋势大致相同,并在第四天后趋于稳定,情感"讨厌"则有更大概率向情感"期待"和"高兴"转移。

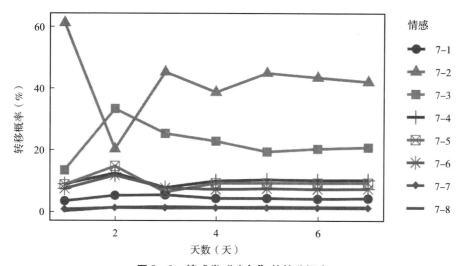

图 8-9 情感类"生气"的转移概率

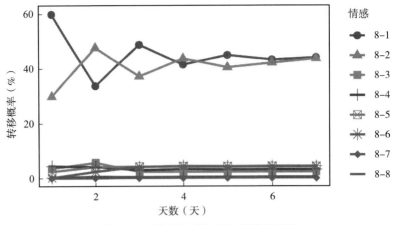

图 8 - 10　情感类"讨厌"的转移概率

第六节　情感预测实验分析

为了从数据上直观地反映出网民情感状态的变化，引入 SnowNLP 模型对舆情事件中的评论数据进行情感分析。由于 SnowNLP 模型的数据库主要应用于商品评论领域，在对网络舆情领域进行情感分析时可能出现误差，从以下四个方面对 SnowNLP 模型的准确率进行提升：

（1）对爬取的网络舆情评论数据标注情感极性，构建新冠肺炎疫情评论语料库；

（2）将 SnowNLP 模型的分词库替换为 jieba 分词库；

（3）结合中文停用词库、哈工大停用词表、四川大学机器智能实验室停用词库和百度停用词列表更新 SnowNLP 模型的分词库；

（4）设置情感分类阈值 λ，提高情感识别准确率。

改进后的 SnowNLP 模型情感分类性能如图 8 - 11 所示，相较于原始模型，改进后的模型在网络舆情情感分类的准确率上有大幅提升，且当情感分类参数 λ = 0.55 时该模型情感分类的准确率达到最优值。

基于改进后的 SnowNLP 模型对 2020 年 1 月 1 日至 2020 年 1 月 7 日的"新冠肺炎疫情"事件暴发后的评论文本进行情感值计算（如图 8 - 12 所示），其中情感值的取值范围为［0，1］，取值越偏向 0 则表示情感越消极，反之越积极。从图中可以看出，舆情事件中影响情感变化的因素是多方面的，随着华南海鲜批发市场休市整治卫生、武汉不明肺炎患者转入传染病医院、武汉发现不明原因病毒性肺炎重症 11 例及武汉不明原因肺炎排除 SARS 病原等相关新闻的报道，不同话题下的网民情感倾向也随时间变化，但整体情感变化趋势仍是积极的。

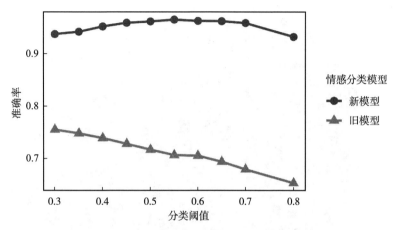

图 8 – 11　SnowNLP 模型改进前后的情感分类准确率对比

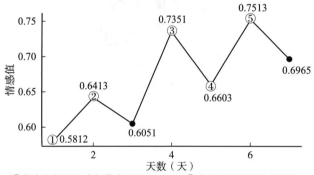

①华南海鲜批发市场休市整治　　　④武汉不明原因肺炎排除SARS病原
②武汉不明肺炎患者转入传染病医院　⑤武汉不明原因肺炎专家答疑
③武汉发现不明原因病毒性肺炎重症11例

图 8 – 12　舆情事件爆发一周内网民情感值变化

图 8 – 13 以三维柱状图展示了此次舆情事件中网民实际情感所占比例。为了验证情感预测模型的准确性，本书首先通过所构建模型得到"期待""高兴""喜爱""惊讶""焦虑""悲伤""生气""讨厌"所有情感类的转移概率，再计算每种情感的转移概率累计之和，将其平均值、中位值和加权平均值分别作为不同的模型参数进行误差分析。

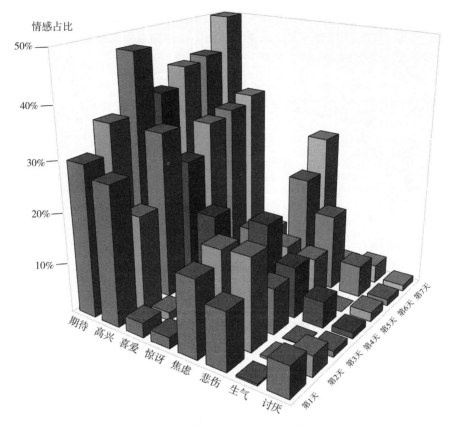

图 8 – 13　舆情爆发一周内的实际情感类别比例

以情感类"期待"（标签 1）为例，情感转移概率之和的平均值计算方法见式（8 – 9）。

$$\text{Emo}_1 - \text{Average} = \frac{1}{N}\sum_{i=1}^{N=8} P_{i1}(n) \tag{8 – 9}$$

根据图 8 – 13 舆情事件的实际情感类别比例，设置不同情感类的权重分别为 25%、21%、17%、13%、9%、7%、5% 和 3%。情感转移概率之和的加权平均值计算方法见式（8 – 10）。

$$\text{Emo}_1 - \text{Weighted Average} = \sum_{i=1}^{N=8} (P_{i1}(n) \times \text{weights}) \tag{8 – 10}$$

图 8 – 14、图 8 – 15、图 8 – 16 分别表示以情感转移概率之和的平均值、中位值和加权平均值作为参数的情感趋势预测结果。引入平均绝对误差（MAE）和均方根误差（RMSE）衡量不同参数下模型的预测性能：平

均绝对误差（MAE）表示预测值与实际值之间绝对误差的平均值，可以更好地反映预测值误差的实际情况；均方根误差（RMSE）用于测量预测值与实际值之间的偏差，并解释样本的分散程度。它们的值越小，预测效果越好。

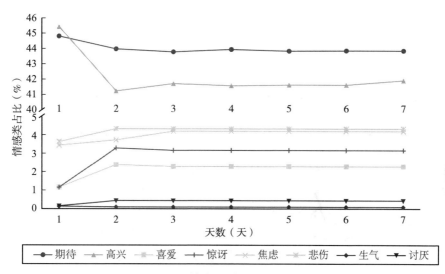

图 8 – 14　情感预测结果（平均值）

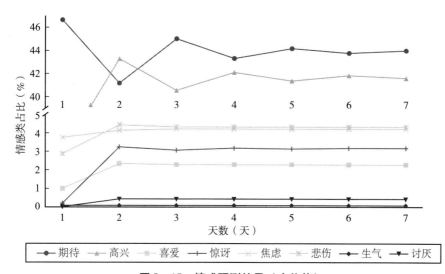

图 8 – 15　情感预测结果（中位值）

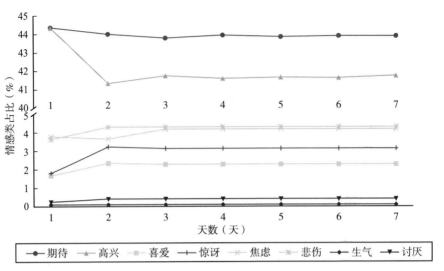

图 8-16　情感预测结果（加权平均值）

平均绝对误差（MAE）和均方根误差（RMSE）的计算表达式分别如式（8-11）和式（8-12）所示。

$$MAE = \frac{1}{N} \sum_{i=1}^{N} abs(f_i - y_i) \tag{8-11}$$

$$RMSE = \sqrt{\frac{1}{n} \sum_{i=1}^{n} (y_i' - y_i)^2} \tag{8-12}$$

表 8-8 显示了三种实验下的预测结果。通过对比可以看出，加权平均值的总体 MAE 和 RMSE 值最小，分别为 2.7119 和 3.7254，该值在允许的误差范围内，表明以加权平均值作为参数的情感预测模型具有更好的预测精度。

表 8-8　　　　　　　　　不同参数实验下的预测结果误差比较

天数	平均值		中位值		加权平均值	
	MAE	RMSE	MAE	RMSE	MAE	RMSE
第 1 天	3.1835	4.1507	2.9987	3.8016	2.7760	3.7401
第 2 天	1.8992	2.5672	2.3647	3.0811	1.9094	2.5861
第 3 天	2.8281	3.9071	2.5070	3.4368	2.8307	3.9108
第 4 天	1.8275	2.8197	1.9363	2.9576	1.8291	2.8204

天数	平均值		中位值		加权平均值	
	MAE	RMSE	MAE	RMSE	MAE	RMSE
第5天	3.2376	4.5421	3.1653	4.4592	3.2374	4.5429
第6天	3.1989	4.4641	3.2295	4.5211	3.1991	4.4644
第7天	3.2289	4.0641	3.1800	3.9769	3.2018	4.0133
平均	2.7720	3.7878	2.7688	3.7478	2.7119	3.7254

目前，针对在线评论文本的网络舆情回归预测的研究较少，尚未找到相对成熟的可以进行对比的评价指标，因此将本书提出的基于偏差马尔可夫规则的预测模型与基于回归集成的预测模型、基于增强神经网络的预测模型进行性能上的对比，选取的基线模型如下。

（1）基于回归集成的情感预测模型：首先利用互补集成经验模态 CEEMD 将数据进行分解，然后用 BP、SVM 和 LSTM 分别对不同时间序列进行预测，最后将三个预测值相加即为最终预测结果。

（2）基于增强神经网络的预测模型：利用三边平滑滤波器进行数据预处理，然后基于 DGLTPD 技术提取数据特征，将提取的特征提供给增强型神经网络 EESNN 进行预测。

从表 8-9 中可以看出，本书构建的基于 Apriori-MC 的情感预测模型相较于以上两种模型在平均绝对误差和均方根误差的对比上具有较大优势，再一次证明了该模型在情感预测任务中的有效性和准确性。

表 8-9　　　　　　　　　不同模型的情感预测结果比较

模型	MAE	RMSE
回归集成模型	46.21	72.47
EESNN-SA-OPR	12.33	21.31
Apriori-MC	2.7119	3.7254

准确掌握和预测社交媒体环境中公众情感的变化规律，对于正确引导突发事件的网络舆情具有重要的理论价值。本书对所提出的三个问题进行了充分研究，根据上述实验得到以下结论。

（1）假设不同类别的情感之间存在某种转移关系，本书基于关联规则
Apriori 算法挖掘大量公众评论中的情感信息，得到不同情感类之间的强关
联规则；再结合马尔可夫链构建情感状态转移矩阵，对网络舆情爆发前期的
情感变化趋势进行预测，实证研究结果表明实际情感数据与预测情感数据的
误差率符合评价标准，通过实验验证了这一假设。

（2）情感转移的概率会随着时间的推移而变化，但会在一定时间后收敛
至稳定状态。本书采用不同的初始概率分布来进行实验，最终都会得到一个稳
定的概率分布，即马尔可夫链模型的情感转移矩阵收敛到稳定概率分布与初始
概率分布无关，同时也证明了所构建的情感状态转移矩阵符合稳定概率分布。
此外，无论从宏观角度还是微观角度，图 8-2 至图 8-10 的实验结果也表明了
情感转移概率在舆情爆发初期出现波动变化，随着舆情的演变达到稳定。

（3）不同粒度下的情感分类对网络舆情情感预测结果影响甚小，本书
仅从宏观角度和微观角度对情感转移概率进行预测，宏观方面划分为"积
极"情感和"消极"情感，微观方面基于模糊情感本体划分为八种情感类，
但是两种方式下的网络舆情情感变化趋势大致相同，宏观角度下的预测实验
可以为微观角度下的实验提供参考。

（4）在新冠肺炎疫情事件发展过程中，网络舆情的情感倾向也会随着
话题内容表现出阶段化趋势，通过探索公众情感信息间的转移作用，证实了
不同情感类在网络舆情演化过程中会相互影响，并能在一定条件下实现相互
转移，进一步补充和发展了情感预测的研究。

（5）构建的情感预测模型为舆情监管部门的工作提供了新思路。情感
的产生、发展和消退是一个动态过程，网民在发表观点时产生大量具有情感
色彩的文本信息，这些信息在突发公共卫生事件舆情研究中具有十分重要的
意义。考虑到网民情感对网络舆情传播的影响作用，将情感因素纳入网络舆
情预测依据之中，根据情感之间的迁移性预测网络舆情的演变趋势，同时定
位网民负面情绪的根源，及时对负面情绪进行疏导，以公开透明的方式解答
网民的质疑，准确地发布与事件相关的官方信息，消除公众焦虑、恐慌心
理，避免引爆舆情危机。

第七节　本章小结

本章提出一种新的突发事件中的网络舆情情感预测模型，首先对网络舆

情评论数据进行情感极性标注，基于扩展后的关联规则算法挖掘公共评论中存在的情感关系，然后利用马尔可夫链构建情感状态转移矩阵，进而实现对情感状态的转移预测。本书在传统关联规则算法的基础上提出偏移度的概念，用来表示情感类间的转移关系，并计算出不同情感类间的转移概率，实证研究表明所构建的情感预测模型在网民情感预测领域具有一定的有效性和准确性。通过数据分析和情感预测，能更好地了解突发事件中的网民情感演变趋势，使相关部门及时做好正确的舆论引导。文本虽然在研究思路和方法上有了一些创新，但仍然存在着不足：由于网络评论数据存在样本代表性问题，单纯分析某一个社交平台的舆情数据无法全面了解现实舆论，因此未来工作可选择更多的突发公共卫生事件进行实证研究，进一步拓宽网络舆情情感分析的广度和深度，从单一平台到多平台，从表层网络到深层网络，从公共舆情到圈群化舆情，进一步丰富情感本体，挖掘舆情评论中更多形式的融合情感特征，有效提升网民情感预测模型的预测性能，实现突发事件中网民情感分析的立体化拓展。

第九章 网民情感状态可视化设计

上文详细介绍了网络舆情中网民情感分析的相关工作及技术路径，为了更直观地展示情感分析相关工作的结果，本章结合数据挖掘和可视化技术对网民情感分析工作进行时间、空间维度上的可视化展示，结合可视化系统需求，完成可视化系统各功能模块的初步搭建。

第一节 系统业务流程

基于网络舆情事件的网民情感分析及预测可视化系统的主要业务流程如图9-1所示，主要包括四个部分。

第一，网络舆情评论数据采集。基于新浪微博平台完成对网络舆情事件微博评论数据的采集和存储，为后续情感分析和相关研究提供数据支持。

第二，文本数据预处理。获取的数据并不能直接用于研究过程，还需进行数据清洗、中文分词、去停用词等操作。

第三，网络舆情数据分析。包括词频统计、情感分类、情感倾向分析、基于用户地理位置的情感空间分布、网络舆情演变趋势等方面。

第四，可视化展示。结合数据挖掘和可视化技术，实现基于时空维度的网络舆情情感分析及预测可视化展示。

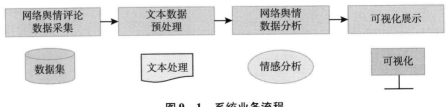

图9-1 系统业务流程

第二节　系统功能模块设计

根据舆情可视化系统需求，本书设计的系统分为后端模块和前端模块，后端模块包括基于网络爬虫的数据采集模块、文本数据预处理模块、多标签情感分类模块、情感分析模块和情感预测模块；前端模块主要为可视化展示模块。

1. 基于网络爬虫的数据采集模块

该模块主要基于 Python 语言搭建的网络爬虫框架来采集网络舆情数据，并使用关系数据库 PostgreSQL 保存数据。采集的数据包括微博 id、用户 id、微博评论信息、微博发布时间、点赞数、评论数、转发数、发布微博地理位置等基本信息。

2. 文本数据预处理模块

该模块主要负责将微博评论数据进行预处理，便于进行后续数据挖掘及分析工作。本书主要使用 Python 正则表达进行数据清洗；利用 jieba 分词库和停用词文档进行中文分词和去停用词等操作。

3. 多标签情感分类模块

情感分类是情感分析的基础，该模块主要对处理后的数据进行情感标签分类，文本中可能包含 1 个或多个情感标签。本书基于 ALBert 预训练模型得到评论文本表示向量，基于卷积神经网络训练文本表示特征和情感标签特征，强化文本和情感标签之间的联系，用于表示文本深层次情感和多标签分类。

4. 网络舆情演变分析模块

网络舆情演变数据分析是整个系统的核心，该模块基于已标注情感标签的文本数据对网络舆情事件演变过程中的公众情感变化进行分析。采用改进后的 SnowNLP 模型计算微博情感值，统计不同时间阶段下的舆情主题词，基于用户地理位置分析网络舆情情感分布。

5. 网民情感预测模块

该模块通过探索网民情感信息之间的转移性，证实了不同情感类在网络舆情演化过程中会相互影响，并在一定条件下能够实现相互转移。本书结合数据挖掘算法和机器学习算法计算出不同情感类的转移概率，进一步补充和发展了情感预测的研究。

6. 可视化展示模块

该模块应用可视化图表对实际案例数据进行研究分析，直观地展示出基于网络舆情事件的热点主题词、舆情热度走势、舆情密度分布、网民情感空间分布、网民情感倾向以及网民情感演变趋势预测，为网络舆情中网民情感状态可视化系统的设计提供了基础。

第三节　可视化系统构建

一、开发环境

开发环境采用64位的Windows11操作系统，处理器型号为Inter Core i5 - 11100B 3.6GHz，硬盘大小为475GB，电脑内存为4GB，开发语言使用Python，Web框架使用Flask，数据库使用PostgreSQL 10，集成开发编译器为PyCharm。使用的第三方库包括Echarts可视化、React框架、jieba中文分词、psycopg2数据库连接模块、Snownlp模型等。

二、可视化系统功能实现

可视化系统前端基于JavaScript语言和React框架开发，将各功能模块结果用Echarts图表进行展示，后端数据处理与功能基于Python语言和Flask框架实现。在数据采集过程中，将数据按照不同字段存入PostgreSQL数据库中，服务器读取数据库信息，利用绘图工具将情感分析结果以图表等方式展示在客户端界面上。常见的可视化图表有词云图、热度图、专题地图、气泡图、折线图等。

可视化系统功能详细说明如表9-1所示。

表9-1　　　　　　　　　可视化系统功能详细说明

功能	功能描述	使用数据	可视化形式
舆情关键词	展示舆情事件在一定时间范围内的高频关键词	Weibo_content 字段	词云图

续表

功能	功能描述	使用数据	可视化形式
舆情热度走势	展示舆情事件在一定时间范围内的热度走势图	Weibo_time 字段、Weibo_content 字段	折线图
舆情密度分布	展示舆情评论的位置空间密度分布情况	User_location 字段	气泡图
舆情情感空间分布	展示舆情事件在一定时间范围内的情感空间分布特征	User_location 字段	专题地图
舆情情感倾向	展示舆情事件在一定时间范围内的情感倾向、积极微博和消极微博的比例走势	Sentiment 字段	面积图
舆情预测趋势	展示舆情事件在未来一定时间范围内的情感演变趋势	Weibo_content 字段	折线图

基于互联网社会热点聚合平台知微事见高级搜索接口，设置关键词为"新型冠状病毒"，共检索到 285 个相关事件，每个事件带有标签信息、影响力指数和事件发生时间，如图 9-2 所示。根据第一波"新型冠状病毒舆情周期"设置时间条件为 2019 年 12 月 31 日~2020 年 4 月 15 日，筛选出相关热门话题时间，基于 Python 爬虫数据采集模块，从新浪微博平台搜索并采集相关评论数据。

针对实际案例，基于网络爬虫框架共采集到 328846 条相关微博评论，在采集评论数据的同时，针对评论数据和用户信息提取用户 id、微博 id、用户评论所在位置、评论时间、微博点赞数、转发数、评论数，将以上信息存入 PostgreSQL 数据库中，部分采集数据如图 9-3 所示。数据采集完成后，导入数据预处理模块进行数据清洗、中文分词、去除停用词等操作。

（1）舆情关键词展示。通过词云图可以直观展示该舆情事件在各演化阶段下的主题，以词频为统计方法，字体越大代表该词汇被提及的次数越多。在舆情关键词功能界面中，用户可以自行选择日期，然后点击确定，左侧即为该舆情事件在此时间段内的词云图，右侧将词云图的详细数据进行展示，包括舆情事件高频词及其出现频次。

从图 9-4 中可以看出，在 2019 年 12 月 31 日至 2020 年 1 月 7 日这个阶段存在一些带有消极色彩的词语如"恐慌""恐怖""可怕"等，反映了公众在舆情事件初期面临未知的疾病时表示出较多悲观的情绪。对比图 9-5，2020 年 1 月 20 日至 2020 年 2 月 20 日公众情绪有所好转，两个阶段里被提及最多的词语是武汉，也是因为武汉是此次疫情的暴发点和传播点。

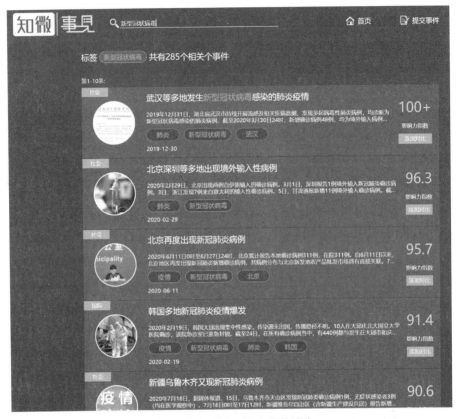

图9-2　知微事见热点事件搜索

资料来源：知微事见平台截图。

1	Event_name	Weibo_id	User_id	Weibo_content	Weibo_time	Like_count	Comment_coun	Repost_count	User_loca
2589	钟南山：新型冠状病毒存在人传人	5391310738	萝莉动番	吃野味的好惨驾呀，这就是啥？吃泡阔	20-1-20 22:07	2.7万	20531	11571	湖北
2590	钟南山：新型冠状病毒存在人传人	2144432354	李沁	大家注意安全口 口	20-1-21 00:36	2.7万	20531	11571	上海
2591	钟南山：新型冠状病毒存在人传人	4513454891	酒味樑尔	直播中钟院士建议：1戴口罩 2非必岁	20-1-20 22:05	2.7万	20531	11571	吉林
2592	钟南山：新型冠状病毒存在人传人	1564815415	是黑眼的星河	钟南山院士在2003年非典型肺炎（SA	20-1-20 22:10	2.7万	20531	11571	黑龙江
2593	钟南山：新型冠状病毒存在人传人	1351564848	骂我就砍你	钟南山院士 看到这个名字就安心了口	20-1-20 21:57	2.7万	20531	11571	
2594	钟南山：新型冠状病毒存在人传人	5895151515	小雅儿呀研	钟南山院士今年84岁了，依然坚不别	20-1-20 22:20	2.7万	20531	11571	北京
2595	钟南山：新型冠状病毒存在人传人	8947843154	花未眠月	钟南山还说病毒现在正在蔓延，毒性华	20-1-20 21:59	2.7万	20531	11571	广东
2596	钟南山：新型冠状病毒存在人传人	8945131235	小圆的Supre	83岁高龄钟院士真的厉害口 口	20-1-20 22:01	2.7万	20531	11571	上海
2597	钟南山：新型冠状病毒存在人传人	3548761313	HoshinoShu	何时才能立法禁止买卖和食用野生动	20-1-20 22:12	2.7万	20531	11571	深圳
2598	钟南山：新型冠状病毒存在人传人	7651561354	姜裤涛	今年贺岁档电影的票房估计要影楽！	20-1-20 22:07	2.7万	20531	11571	山东
2599	钟南山：新型冠状病毒存在人传人	3846131874	进击的Rondo	非典的时候我火了五年级 那时候觉得毫	20-1-20 22:40	2.7万	20531	11571	山西
2600	钟南山：新型冠状病毒存在人传人	9135481345	折子折子折子	武汉人，挺住	20-1-20 22:06	2.7万	20531	11571	陕西
2601	钟南山：新型冠状病毒存在人传人	1538415315	香芹炒竹笋	大家注意安全！医生已经辛苦了！口	20-1-20 21:56	2.7万	20531	11571	河南
2602	钟南山：新型冠状病毒存在人传人	5561841356	Rfreewydwd	刚看直播了，钟院士开了一天会一直严	20-1-20 22:01	2.7万	20531	11571	内蒙古
2603	钟南山：新型冠状病毒存在人传人	5224568123	Ventiquattro	不要再吃什么野味了，你人想区了不1	20-1-20 22:06	2.7万	20531	11571	河南
2604	钟南山：新型冠状病毒存在人传人	2290761156	李沁	大家注意安全口 口	20-1-21 00:36	2.7万	20531	11571	上海
2605	钟南山：新型冠状病毒存在人传人	2736416561	-雅喵-爱说话	我冷汗下来了	20-1-20 21:56	2.7万	20531	11571	甘肃

图9-3　采集的微博数据节选

图 9 - 4　2019 年 12 月 31 日~2020 年 1 月 7 日舆情事件词云图
资料来源：可视化系统截图。

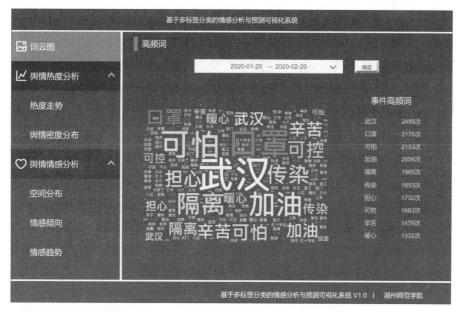

图 9 - 5　2020 年 1 月 20 日~2020 年 2 月 20 日舆情事件词云图
资料来源：可视化系统截图。

（2）舆情热度分析。舆情热度分析主要包括两部分内容：舆情热度走势和舆情密度分布。

舆情热度走势是以发布的微博数量来衡量该舆情事件的热度，基于时间序列直观地展示一定时间范围内公众发布的微博或评论数量。在热度走势界面，用户可以自行选择日期，然后点击确定，即可返回该舆情事件在此时间范围内的热度走势图，并在右侧显示此时间段内时间热度峰值。

图 9－6 为 2020 年 1 月 15 日至 2020 年 2 月 2 日的舆情事件热度走势图，根据舆情生命周期划分，该时间段包括舆情萌芽期和舆情快速上升期。该舆情事件最初由"武汉发现不明原因肺炎"事件开端，在初期引起一阵热议后并未持续走高，在 2020 年 1 月 15 日后舆情热度出现一定降低，直至 2020 年 1 月 20 日钟南山肯定新型冠状病毒肺炎人传人，舆情热度开始持续升高，直至 2020 年 1 月 26 日达到舆情热度峰值。

舆情密度分布以用户发布的微博及评论位置来表示舆情位置坐标分布，基于地理位置直观地展示一定空间范围内公众发布的微博或评论数量。在舆情密度分布界面，用户可以自行选择日期，然后点击确定，即可返回该舆情事件在地图上的密度分布图。

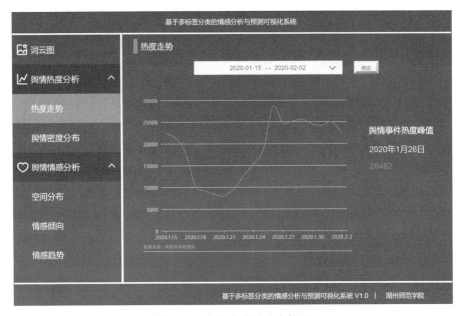

图 9－6　舆情事件热度走势图

资料来源：可视化系统截图。

（3）网民情感分析。网民情感分析主要包括三部分内容：情感空间分布、情感倾向和情感趋势预测。

情感空间分布是以舆情评论情感值表示舆情空间分布，基于 SnowNLP 模型情感计算和微博地理位置展示各地区的舆情情感值。在情感空间分布界面，用户可以自行选择日期，然后点击确定，即可返回该舆情事件在指定时间范围内的情感分布图。利用 SnowNLP 模型计算用户评论情感值，并根据评论发布位置统计各地区平均情感值，以地理位置形式展示舆情情感在空间维度上的分布。

网民情感倾向是以评论文本情感倾向来计算该舆情事件的情感倾向，基于时间序列直观地展示一定时间范围内该舆情事件的动态情感倾向变化。在舆情情感倾向界面，用户可以自行选择日期，然后点击确定，即可返回该舆情事件在指定时间范围内所发布的积极情感文本数量、消极情感文本数量和总发布量。

图 9 – 7 和图 9 – 8 展示了不同分类细粒度下的情感倾向分布图，分别以面积图和堆叠柱状图为表现形式。从图 9 – 7 中可以看出 2020 年 1 月 1 日至 2020 年 1 月 10 日即新冠肺炎舆情事件发生后 10 天之内，民众发表的评论大多倾向于负面，说明该事件在公众中引起了较多担忧与重视。图 9 – 8 是基于八种情感分类下的舆情情感倾向图，2020 年 2 月 20 日至 2020 年 2 月 27 日，积极情感类如"期待""高兴"等占据较大比例，总体来看，舆情整体情感趋势呈积极走势。

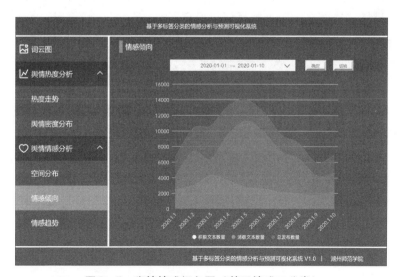

图 9 – 7 舆情情感倾向图（基于情感二分类）

资料来源：可视化系统截图。

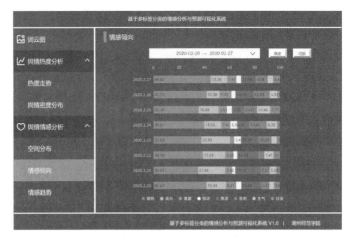

图9-8 舆情情感倾向图（基于情感八分类）

资料来源：可视化系统截图。

情感趋势预测是以某天全天发布的微博或评论数据为基础，通过情感预测模型对指定日期的情感占比进行预测。在情感趋势预测界面，用户可以自行选择日期和预测目标天数，然后点击确定，即可返回该舆情事件从指定日期到目标日期之间的情感转移概率。

图9-9展示了2020年1月1日至2020年1月7日的情感类别趋势预测图，可以看出从2020年1月1日起7天之内，各情感类并没有较大的变化，并且情感转移概率在一定天数后保持稳定。

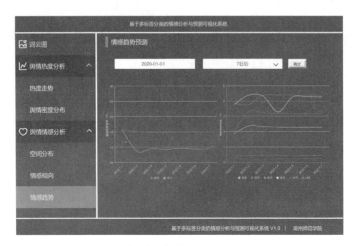

图9-9 舆情情感预测图

资料来源：可视化系统截图。

第四节　本 章 小 结

　　本章介绍了可视化系统的主要业务流程，并对可视化系统各功能界面进行了展示，以具体案例展示了基于多标签分类的情感分析与预测可视化系统的功能。本系统包括基于网络舆情评论数据的热点词云图、舆情热度走势图、基于地理位置的舆情密度分布图、基于空间的舆情中网民情感分布图、网民情感倾向图以及网民情感趋势预测图等。通过可视化图表的展示，使得舆情事件中复杂的信息更加直观、准确，为舆情管理工作打下了基础。

第十章　结论与展望

　　网络环境是一个具有客观性、复杂性、多变性的社会网络系统，不同用户、不同信息之间的非线性互动推动了网络舆情的发酵。社交媒体作为各种舆情信息的核心载体，其相关评论往往蕴含着极其丰富的公众情感信息，目前已有大量研究利用情感分析等技术对公众情感信息进行分析与预测，虽然可以有效预测网络舆情的演变趋势，但都没有考虑到情感类间的相关性。为了深入研究网民情感状态在舆情事件中的作用，及时掌握舆情变化趋势并做好梳理工作，本书在文本情感语义分析和情感主题演变研究的基础上，对网络舆情发展过程中网民情感转移概率进行了研究，通过实际热点舆情案例对情感预测模型进行验证，并设计了集合情感分析和情感预测为一体的网络舆情可视化系统。

　　本书归纳总结了情感分类和情感预测算法在国内外的研究现状，并对现有研究的优势与不足进行剖析，针对目前缺乏公共卫生突发事件研究数据等问题，本书基于 Python 网络爬虫采集相关舆情数据，经过数据清洗等预处理操作后得到一定规模的公共卫生事件网络舆情语料库，并且通过该语料库构建了面向公共卫生领域的情感词典，对于公共卫生舆情领域研究具有补充意义。本书还提出了一种考虑上下文语义的基于情感本体和情感圈的微博短文本情感分析方法，此方法不同于传统的基于词典的方法。情感词语的情感极性和强度是固定和静态的，情感圈方法采用在微博短文本中考虑不同上下文语境中词语的共现模式，以捕获它们的语义并相应地更新情感词汇中预先确定的极性和强度。本书针对目前文本情感分析中应用较广的机器语言在处理含有连接词句子时所存在的缺陷，对中文连接词制定了处理规则，将表情符号纳入特征向量，并结合情感词典计算情感决策得分，提出了基于语言规则和情感得分的增强监督学习改进模型。本书根据文本中词语的情感分布，建立一个无监督的概率关系模型来识别讽刺主题，运用一定程度的逻辑推理来识别多种事件的讽刺表达。本书还针对情感主题动态性的特点构建了一个基于 LDA 的情感主题模型，通过对时间与主题和情感的联合建模分析情感主题随时间的演变，通过对突发事件数据集进行分析，显示联合模型较高的准确性和情感主题随时间演变过程中良好的应用性。

由于传统情感分类研究通常为单标签的监督学习，而忽视了多种情感可能在同一文本中共存的问题，本书在考虑情感特征的基础上，利用卷积神经网络在特征提取方面的优势，提出基于 ALBert-TextCNN-SL 的情感分类模型。该模型首先利用 ALBert 预训练模型提取词向量表征，然后分别利用卷积神经网络对评论数据中的文本特征和情感特征进行提取，将提取后的特征通过连接层进行拼接，最后通过 Sigmoid 分类器进行情感分类。通过实验对比了多个模型的分类结果以及不同数据集对分类效果的影响，最终验证了本书所构建的情感分类模型在多标签情感分类方面具有较好的分类性能。

在经过情感分类模型对网络舆情评论文本进行情感标签分类后，本书基于改进后的 SnowNLP 模型对网络舆情热点事件的情感倾向性进行分析，使该模型在进行情感分析时更适用于网络舆情领域。随后本书提出一种基于 Apriori-MC 的情感预测模型，该模型基于关联规则算法 Apriori 分析不同情感类之间的关联关系，并利用马尔可夫链构建情感状态转移矩阵，对舆情话题事件中的情感转移趋势进行预测，实验表明该模型在预测误差方面小于目前的基线模型。同时，结合数据挖掘和情感分析相关模型设计了一个基于多标签分类的情感分析与预测可视化系统，系统主要功能模块包括基于网络舆情评论数据的热点词云图、舆情热度走势图、基于地理位置的舆情密度分布图、基于空间的舆情情感分布图、网民情感倾向图以及网民情感趋势预测图等可视化图表。

本书在网络舆情中网民情感分类、情感演变、情感预测等领域取得了一定的成果，随着人工智能和大数据技术的发展，今后的研究可继续在以下三个方面展开。

第一，多方法融合下的情感分类研究。情感分类是情感分析的重要基础，目前主要基于情感词典和机器学习方法，但是由于语言的多样性和复杂性，不同语言在不同领域的情感表达可能有所差异。深度学习方法逐渐被应用于情感分类领域，该方法的优势在于不依赖人工定义特征，可以实现端到端的自主学习，但其训练时间久、解释性差等缺点也非常明显。最近出现的图神经网络是从卷积神经网络拓展而来的一种新型神经网络，在反映实体及其之间的关联性方面展现出了巨大的潜力，图神经网络方法的可推理性和高解释性的特点弥补了传统深度学习方法的局限，可以较好地捕获单词之间的依赖关系，提升情感分类性能，在今后的研究中将图神经网络模型用于情感分析是非常值得探索的方向。

第二，多重信息载体下的网民情感状态研究。目前，国内外的网民情感状态研究主要通过对社交媒体中的文本信息进行情感挖掘与分析。随着互联网逐渐向移动社交化转变，图片和视频等载体因综合了画面、色彩、文字等特征成为网民表达情感的新形式。相较于单模态信息，多模态信息情感表达更加丰富与复杂，多模态情感分析也具有更高的准确性和稳定性。目前多模态情感分析研究主要包括三种方法，即特征级融合、决策级融合和混合融合。虽然已经有学者对图片和视频的情感信息进行了相关研究并取得了不错的进展，但如何将这种新载体的情感分析应用到网络舆情领域，以及在对网络舆情中网民情感分析时如何根据模态的不同选择适当的模态融合方法，将是未来需要进一步研究的问题。

第三，多角度集成视域下的舆情预测研究。网络舆情预测方法普遍基于统计学、社会学、信息传播学和人工智能等学科，通过分析网络舆情在不同阶段下的差异时序特征以及量化传播过程中用户的情感极性实现网络舆情的演变趋势预测，该过程是一种时空序列预测，即根据已获取的历史数据来预测未来某个时刻的时空变量值。目前除了从情感角度对网络舆情波动情况进行研究，还应充分考虑舆情数据中存在的隐藏信息、关联关系以及网民的认知能力等因素，随着技术的蓬勃发展，利用深度学习挖掘舆情数据中的隐含特征、提高舆情预测的精确度、解决"数据过剩，信息匮乏"的困境也是未来需要探索的方向。

参 考 文 献

[1] 安璐，欧孟花 . 突发公共卫生事件利益相关者的社会网络情感图谱研究 [J]. 图书情报工作，2017（20）.

[2] 安璐，吴林 . 融合主题与情感特征的突发事件微博舆情演化分析 [J]. 图书情报工作，2017（15）.

[3] 陈平平，耿笑冉，邹敏 . 基于机器学习的文本情感倾向性分析 [J]. 计算机与现代化，2020（3）.

[4] 陈凌，宋衍欣 . 基于公众情绪上下文的 LSTM 情感分析研究——以台风"利奇马"为例 [J]. 现代情报，2020（6）.

[5] 陈可嘉，陈荣晖 . 股市情感词典自动构建与优化 [J]. 科学技术与工程，2020（21）.

[6] 陈珂，谢博，朱兴统 . 基于情感词典和 Transformer 模型的情感分析算法研究 [J]. 南京邮电大学学报（自然科学版），2020（1）.

[7] 陈震，王静茹 . 基于贝叶斯网络的网络舆情事件分析 [J]. 情报科学，2020（4）.

[8] 程艳，叶子铭，王明文 . 融合卷积神经网络与层次化注意力网络的中文文本情感倾向性分析 [J]. 中文信息学报，2019（1）.

[9] 崔彦琛，张鹏，兰月新，吴立志 . 消防突发事件网络舆情情感词典构建研究 [J]. 情报杂志，2018（10）.

[10] 邓君，孙绍丹，王阮，宋先智，李贺 . 基于 Word2vec 和 SVM 的微博舆情情感演化分析 [J]. 情报理论与实践，2020（8）.

[11] 范涛，吴鹏，曹琪 . 基于深度学习的多模态融合网民情感识别研究 [J]. 信息资源管理学报，2020（1）.

[12] 方俊伟，崔浩冉，贺国秀 . 基于先验知识 TextRank 的学术文本关键词提取 [J]. 情报科学，2019（3）.

[13] 费绍栋，杨玉珍，刘培玉，王健. 融合情感过滤的突发事件检测方法 [J]. 计算机应用，2015（5）.

[14] 樊振，过弋，张振豪，韩美琪. 基于词典和弱标注信息的电影评论情感分析 [J]. 计算机应用，2018（11）.

[15] 郭顺利，张向先. 面向中文图书评论的情感词典构建方法研究 [J]. 现代图书情报技术，2016（2）.

[16] 郭修远，肖正. 微博涉核舆情的情感分析与公众传播研究 [J]. 情报理论与实践，2020（12）.

[17] 郭韧，李红，陈福集. 基于可拓聚类的网络舆情演化预测研究 [J]. 情报理论与实践，2017（1）.

[18] 辜丽琼，夏志杰，宋祖康，王诣铭. 基于在线网民评论情感追踪分析的企业危机舆情应对研究 [J]. 情报理论与实践，2019（12）.

[19] 顾益军，夏天. 融合 LDA 与 TextRank 的关键词抽取研究 [J]. 现代图书情报技术，2014（11）.

[20] 韩虎，赵启涛，孙天岳，刘国利. 面向社交媒体评论的上下文语境讽刺检测模型 [J]. 计算机工程，2021（1）.

[21] 纪雪梅，翟冉冉，王芳. 突发公共事件政务微博回应方式对公众评论情感的影响研究 [J]. 情报理论与实践，2020（12）.

[22] 姜晓庆，夏克文，夏莘媛，祖宝开. 采用半定规划多核 SVM 的语音情感识别 [J]. 北京邮电大学学报，2015（S1）.

[23] 蒋明敏. 情感视域下突发公共事件网络舆情的治理策略 [J]. 江西社会科学，2020（12）.

[24] 蒋翠清，吕孝忠，段锐. 基于主题模型的产品在线论坛主题演化分析 [J]. 系统工程学报，2019（10）.

[25] 金占勇，田亚鹏，白莽. 基于长短时记忆网络的突发灾害事件网络舆情情感识别研究 [J]. 情报科学，2019（5）.

[26] 孔婧媛，滕广青，王思茗. 舆情当事人回应对网民情感的影响研究 [J]. 图书情报工作，2020（18）.

[27] 兰月新，曾润喜. 突发事件网络舆情传播规律与预警阶段研究 [J]. 情报杂志，2013（5）.

[28] 李枫林，范雅娴. 领域情感词典构建方法研究 [J]. 图书馆理论与实践，2019（12）.

[29] 李长荣，纪雪梅．面向突发公共事件网络舆情分析的领域情感词典构建研究［J］．数字图书馆论坛，2020（9）．

[30] 李钰．微博情感词典的构建及其在微博情感分析中的应用研究［D］．郑州：郑州大学，2014．

[31] 李井辉，孙丽娜，李晶．基于LSTM的评论文本情感分析方法研究［J］．微型电脑应用，2020（5）．

[32] 李彤，宋之杰．基于模型集成的突发事件舆情分析与趋势预测研究［J］．系统工程理论与实践，2015（10）．

[33] 林永明．基于动态主题情感模型的煤矿安全事故网络舆情分析［J］．安全与环境学报，2019（4）．

[34] 刘亚桥，陆向艳，邓凯凯，阮开栋，刘峻．摄影领域评论情感词典构建方法［J］．计算机工程与设计，2019（10）．

[35] 刘丽群，刘丽华．情感与主题建模：自然灾害舆情研究社会计算模型新探［J］．现代传播，2018（7）．

[36] 刘雯，高峰，洪凌子．基于情感分析的灾害网络舆情研究——以雅安地震为例［J］．图书情报工作，2013（20）．

[37] 刘群，李素建．基于〈知网〉的词汇语义相似度的计算［C］．第三届汉语词汇语义学研讨会论文集，2002．

[38] 马秉楠，黄永峰，邓北星．基于表情符的社交网络情绪词典构造［J］．计算机工程与设计，2016（5）．

[39] 马晓宁，王婷，王惠．基于相关向量机的网络舆情情感趋势预测［J］．武汉大学学报（理学版），2018（3）．

[40] 马续补，陈颖，秦春秀．突发公共卫生事件科研信息报道的网络舆情特征分析及应对策略［J］．现代情报，2020（10）．

[41] 牛萍，黄德根．TF-IDF与规则相结合的中文关键词自动抽取研究［J］．小型微型计算机系统，2016（4）．

[42] 庞磊，李寿山，周国栋．基于情绪知识的中文微博情感分类方法［J］．计算机工程，2012（13）．

[43] 潘浩，卫宇杰，潘尔顺．基于自动提取句法模板的情感分析［J］．中文信息学报，2019（9）．

[44] 任中杰，张鹏，李思成，兰月新，夏一雪，崔彦琛．基于微博数据挖掘的突发事件情感态势演化分析——以天津8·12事故为例［J］．情报

杂志，2019（2）.

[45] 任中杰，张鹏，兰月新，张琦，夏一雪，崔彦琛．面向突发事件的网络用户画像情感分析——以天津"8·12"事故为例 [J]．情报杂志，2019（11）.

[46] 史继林，朱英贵．褒义词词典 [M]．成都：四川辞书出版社，2005.

[47] 史伟，王洪伟，何绍义．模糊本体结构及基于 NGD 的隶属度确定 [J]．同济大学学报（自然科学版），2012（11）.

[48] 史伟，王洪伟，何绍义．基于微博的产品评论挖掘：情感分析的方法 [J]．情报学报，2014（12）.

[49] 史伟，王洪伟，何绍义．基于微博的情感分析的电影票房预测研究 [J]．华中师范大学学报（自然科学版），2015（1）.

[50] 史伟，王洪伟，何绍义．基于知网的模糊情感本体构建研究 [J]．情报学报，2012（6）.

[51] 孙靖超．基于优化深度双向自编码网络的舆情情感识别研究 [J]．情报杂志，2020（6）.

[52] 唐晓波，王洪艳．微博产品评论挖掘模型研究 [J]．情报杂志，2013（2）.

[53] 谭旭，庄穆妮，毛太田，张倩．基于 LDA-ARMA 混合模型的大规模网络舆情情感演化分析 [J]．情报杂志，2020（10）.

[54] 滕靖，刘韶杰，龚越，王文．交通事件网络舆情分析方法 [J]．交通信息与安全，2019（6）.

[55] 王晰巍，刘宇桐，李玥琪．突发公共卫生事件中公民隐私泄露舆情的情感演化图谱研究 [J]．情报理论与实践，2022（3）.

[56] 王春东，张卉，莫秀良，杨文军．微博情感分析综述 [J]．计算机工程与科学，2022（1）.

[57] 钟佳娃，刘巍，王思丽，杨恒．文本情感分析方法及应用综述 [J]．数据分析与知识发现，2021（6）.

[58] 王英，龚花萍．基于情感维度的大数据网络舆情情感倾向性分析研究——以"南昌大学自主保洁"微博舆情事件为例 [J]．情报科学，2017（4）.

[59] 王卫，闫帅，史锐涵．作者合作网络连接影响因素分析——以图

情领域为例 [J]. 情报科学，2018（1）.

[60] 王晰巍，张柳，文晴，王楠阿雪. 基于贝叶斯模型的移动环境下网络舆情用户情感演化研究——以新浪微博"里约奥运会中国女排夺冠"话题为例 [J]. 情报学报，2018（12）.

[61] 王秀芳，盛姝，路燕. 一种基于话题聚类及情感强度的微博舆情分析模型 [J]. 数据分析与知识发现，2018（6）.

[62] 尉永清，杨玉珍，费绍栋，朱振方. 融合用户情感的在线突发事件识别研究 [J]. 情报理论与实践，2015（2）.

[63] 文宏. 网络群体性事件中舆情导向与政府回应的逻辑互动——基于"雪乡"事件大数据的情感分析 [J]. 政治学研究，2019（1）.

[64] 吴青林，周天宏. 基于话题聚类及情感强度的中文微博舆情分析 [J]. 情报理论与实践，2016（1）.

[65] 吴鹏，应杨，沈思. 基于双向长短期记忆模型的网民负面情感分类研究 [J]. 情报学报，2018（8）.

[66] 吴鹏，刘恒旺，沈思. 基于深度学习和OCC情感规则的网络舆情情感识别研究 [J]. 情报学报，2017（9）.

[67] 徐琳宏，林鸿飞，潘宇. 情感词汇本体的构造 [J]. 情报学报，2008（2）.

[68] 许银洁，孙春华，刘业政. 考虑用户特征的主题情感联合模型 [J]. 计算机应用，2018（5）.

[69] 邢云菲，王晰巍，韦雅楠，王铎. 新媒体环境下网络舆情用户情感演化模型研究——基于情感极性及情感强度理论 [J]. 情报科学，2018（8）.

[70] 夏一雪. 基于舆情大数据的网民情感"衰减—转移"模型与实证研究 [J]. 情报杂志，2019（3）.

[71] 严仲培，陆文星，束束，王彬有. 面向旅游在线评论情感词典构建方法 [J]. 计算机应用研究，2019（6）.

[72] 杨小平，张中夏，王良，张永俊，马奇凤，吴佳楠，张悦. 基于Word2vec的情感词典自动构建与优化 [J]. 计算机科学，2017（1）.

[73] 杨玲，朱英贵. 贬义词词典 [M]. 成都：四川辞书出版社，2005.

[74] 叶健，赵慧. 基于大规模弹幕数据监听和情感分类的舆情分析模型 [J]. 华东师范大学学报（自然科学版），2019（3）.

［75］俞士汶，等．现代汉语语法信息词典详解（第二版）［M］．北京：清华大学出版社，2003．

［76］张谨．基于改进 TF-IDF 算法的情报关键词提取方法［J］．情报杂志，2014（4）．

［77］张鹏，崔彦琛，兰月新，吴立志．基于扎根理论与词典构建的微博突发事件情感分析与舆情引导策略［J］．现代情报，2019（3）．

［78］张海涛，王丹，徐海玲，孙思阳．基于卷积神经网络的微博舆情情感分类研究［J］．情报学报，2018（7）．

［79］张琛，马祥元，周扬，郭仁忠．基于用户情感变化的新冠疫情舆情演变分析［J］．地球信息科学学报，2021（2）．

［80］张鲁民，贾焰，周斌，赵金辉，洪锋．一种基于情感符号的在线突发事件检测方法［J］．计算机学报，2013（8）．

［81］张雄宝，陆向艳，练凯迪，刘峻，刘正平．基于突发词地域分析的微博突发事件检测方法［J］．情报杂志，2017（3）．

［82］张伟，刘给，郭先珍．学生褒贬义词典［M］．北京：中国大百科全书出版社，2004．

［83］张庆林，杜嘉晨，徐睿峰．基于对抗学习的讽刺识别研究［J］．北京大学学报（自然科学版），2019（1）．

［84］翟冉冉，纪雪梅，王芳．基于政务微博内容分析的突发公共事件回应方式研究［J］．情报科学，2020（5）．

［85］赵晓航．基于情感分析与主题分析的"后微博"时代突发事件政府信息公开研究——以新浪微博"天津爆炸"话题为例［J］．图书情报工作，2016（20）．

［86］曾子明，万品玉．融合演化特征的公共安全事件微博情感分析［J］．情报科学，2018（12）．

［87］钟敏娟，万常选，刘德喜．基于关联规则挖掘和极性分析的商品评论情感词典构建［J］．情报学报，2016（6）．

［88］周红磊，张海涛，张鑫蕊，王兴鲁．话题－情感图谱：突发公共卫生事件舆情引导的切入点［J］．情报科学，2020（7）．

［89］周知，王春迎，朱佳丽．基于超短评论的图书领域情感词典构建研［J］．情报理论与实践，2021（9）．

［90］周锦章，崔晓晖．基于词向量与 TextRank 的关键词提取方法［J］．

计算机应用研究，2019（4）.

［91］周水庚，关佶红，俞红奇，胡运发. 基于 Ngram 信息的中文文档
分类研究［J］. 中文信息学报，2001（1）.

［92］朱晓霞，宋嘉欣，孟建芳. 基于主题—情感挖掘模型的微博评论
情感分类研究［J］. 情报理论与实践，2019（5）.

［93］朱晓霞，宋嘉欣，孟建芳. 基于动态主题—情感演化模型的网络
舆情信息分析［J］. 情报科学，2019（7）.

［94］Akhtar M S, Ekbal A, Cambria E. How intense are you? Predicting
intensities of emotions and sentiments using stacked ensemble application notes
［J］. IEEE Computational Intelligence Magazine，2020（1）.

［95］Asghar M Z, Ahmad S, Qasim M, et al. SentiHealth：Creating
health-related sentiment lexicon using hybrid approach［J］. SpringerPlus，2016
（1）.

［96］Basili R, Moschitti A, Pazienza M T. A text classier based on linguis-
tic processing［C］. Proceedings of IJCAI，Citeseerx，1999.

［97］B. Bigi. Using Kullback-Leibler Distance for Text Categorization［C］.
ECIR'03，Pisa，Italy：Springer-Verlag，2003.

［98］Blei D M, Ng A Y, Jordan M I. Latent dirichlet allocation［J］. Jour-
nal of Machine Learning Research，2003（1）.

［99］Bo P, Lee L, Vaithyanathan S. Thumbs up：sentiment classification
using machine learning techniques［C］. Proceedings of the 2002 Conference on
Empirical Methods in Natural Language Processing，Stroudsburg，United States：
Association for Computational Linguistics，2002.

［100］Boiy E, Moens M F. A machine learning approach to sentiment anal-
ysis in multilingual Webtexts［J］. Information Retrieval Journal，2009（5）.

［101］Chauhan G S, Meena Y K. Domsent：Domain-specific aspect term
extraction in aspect-based sentiment analysis［C］. Smart Systems and IoT：Inno-
vations in Computing，Singapore：Springer，2020.

［102］C. Lin, Y. He, R. Everson, and S. Ruger. Weakly supervised joint
sentiment-topic detection from text［J］. TKDE，2012（6）.

［103］Chen M Y, Chen T H. Modeling public mood and emotion：Blog and
news sentiment and socio-economic phenomena［J］. Future Generation Computer

Systems，2019（6）.

［104］Chia-Hsuan Chang, Michal Monselise, Christopher C. Yang. What are people concerned about during the pandemic? Detecting evolving topics about COVID－19 from Twitter［J］. Journal of Healthcare Informatics Research，2021（5）.

［105］Cambria, E, Schuller B, Xia Y, Havasi, C. New avenues in opinion mining and sentiment analysis［J］. IEEE Intelligent Systems，2013（2）.

［106］Chun-Che P, Mohammad L, Jan W P. Detecting sarcasm in text：An obvious solution to a trivial problem［C］. In：Stanford CS 229 machine learning，USA：Stanford University，2015.

［107］Deerwester S, Dumais S T, Furnas G W, et al. Indexing by latent semantic analysis［J］. Journal of American Society for information Science，1990（6）.

［108］Donglin Cao, et al. Visual sentiment topic model based microblog image sentiment analysis［J］. Multimedia Tools and Applications，2016（15）.

［109］Dong X, Lian Y, Tang X, et al. The damped oscillator model（DOM）and its application in the prediction of emotion development of online public opinions［J］. Expert Systems with Applications，2020（8）.

［110］Er M J, Liu F, Wang N, et al. User-level twitter sentiment analysis with a hybrid approach［C］. International Symposium on Neural Networks. Cham：Springer，2016.

［111］Fan Y, Zhu Y S, Ma Y J. WS-Rank：Bringing sentences into graph for keyword extraction［C］. Proceedings of Asia-pacific Web Conference. Suzhou，China：Springer International Publishing，2016.

［112］Fang Y, Chen X, Song Z, et al. Modelling propagation of public opinions on microblogging big data using sentiment analysis and compartmental models［C］. Natural Language Processing：Concepts, Methodologies, Tools, and Applications. IGI Global，2020.

［113］Feiran Huang, et al. Image-text sentiment analysis via deep multimodal attentive fusion［J］. Knowledge-Based Systems，2019（1）.

［114］F. Li, M. Huang, et al. Sentiment analysis with global topics and local dependency［C］. AAAI－10：Twenty-Fourth AAAI Conference on Artificial

Intelligence, Georgia, USA, 2020.

[115] Fu P, Jing B, Chen T, et al. Modeling network public opinion propagation with the consideration of individual emotions [J]. International Journal of Environmental Research and Public Health, 2020 (18).

[116] G. Heinrich. Parameter estimation for text analysis [J]. Computer Science, 2009 (5).

[117] Go A, Bhayani R, Huang L. Twitter sentiment classification using distant supervision [C]. CS224N Project Report, Stanford, 2009.

[118] Gupta S, Singh R, Singla V. Emoticon and text sarcasm detection in sentiment analysis [C]. First International Conference on Sustainable Technologies for Computational Intelligence, Springer, Singapore, 2020.

[119] Gupta S, Halder P. A hybrid Lexicon-Based sentiment and behaviour prediction system [C]. Advances in Control, Signal Processing and Energy Systems. Springer, Singapore, 2020.

[120] Hassan A, Mahmood A. Deep learning approach for sentiment analysis of short texts [C]. International Conference on Control, Automation and Robotics (ICCAR), Nagoya, Japan: IEEE, 2017.

[121] HowNet [R]. HowNet's home page. Retrieved from http: //www. keenage. com, 2007.

[122] Hernandez-Farıas, Bened J, Rosso P. Applying basic features from sentiment analysis for automatic irony detection [C]. In: Pattern recognition and image analysis, New York, USA: Springer, 2015.

[123] Hulth A. Improved automatic keyword extraction given more linguistic knowledge [C]. Proceedings of the 2003 conference on Empirical methods in natural language processing, Stroudsburg, United States: Association for Computational Linguistics, 2003.

[124] Jain A P, Dandannavar P. Application of machine learning techniques to sentiment analysis [C]. 2nd International Conference on Applied and Theoretical Computing and Communication Technology (iCATccT), Bangalore, India: IEEE, 2016.

[125] Jia Y, Liu L, Chen H, et al. A Chinese unknown word recognition method for micro-blog short text based on improved FP-growth [J]. Pattern Analy-

sis and Applications, 2020 (2).

[126] Jiang H, Lin P, Qiang M. Public-opinion sentiment analysis for large hydro projects [J]. Journal of Construction Engineering and Management, 2016 (2).

[127] Joshi A, Vaibhav T, Pushpak B, Mark C. Harnessing sequence labeling for sarcasm detection in dialogue from TV series friends [C]. CoNLL. ACL's Special Interest Group on Natural Language Learning, Berlin, Germany: Association for Computational Linguistics, 2016.

[128] Kambiz Ghoorchian, Magnus Sahlgren. GDTM: Graph-based dynamic topic models [J]. Progress in Artificial Intelligence, 2020 (9).

[129] Salton G, Buckley C. Term-weighting approaches in automatic text retriveal [J]. Information Processing & Management, 1988 (5).

[130] Keramatfar A, Amirkhani H, Jalali Bidgoly A. Multi-thread hierarchical deep model for context-aware sentiment analysis [J]. Journal of Information Science, 2021 (7).

[131] Li D, Li S, Li W, et al. A semi-supervised key phrase extraction approach: Learning from title phrases through a document semantic network [C]. Proceedings of the ACL 2010 conference short papers, Uppsala, Sweden: Association for Computational Linguistics, 2010.

[132] Li L, Wu Y, Zhang Y, et al. Time + user dual attention based sentiment prediction for multiple social network texts with time series [J]. IEEE Access, 2019 (7).

[133] Liu Y, Liu D, Chen Y. Research on Sentiment Tendency and Evolution of Public Opinions in Social Networks of Smart City [J]. Complexity, 2020 (2).

[134] Li Huang, Wenan Tan, Yong Sun. Collaborative recommendation algorithm based on probabilistic matrix factorization in probabilistic latent semantic analysis [J]. Multimedia Tools and Applications, 2019 (13).

[135] Liu, B. Sentiment analysis and subjectivity [J]. Handbook of Natural Language Processing, 2010 (2).

[136] Liu B. Sentiment analysis and opinion mining [J]. Synthesis Lectures on Human Language Technologies, 2012 (5).

［137］ Lynn H M, Choi C, Choi J, et al. The method of semi-supervised automatic keyword extraction for web documents using transition probability distribution generator ［C］. Proceedings of the International Conference on Research in Adaptive and Convergent Systems, New York, United States: ACM, 2016.

［138］ Machuca C R, Gallardo C, Toasa R M. Twitter sentiment analysis on Coronavirus: Machine learning approach ［C］. Journal of Physics: Conference Series, Beijing, China: IOP Publishing, 2021.

［139］ Masoud Fatemi, Mehran Safayani. Joint sentiment/topic modeling on text data using a boosted restricted Boltzmann Machine ［J］. Multimedia Tools and Applications, 2019 (78).

［140］ Mihalcea R, Tarau P. Textrank: Bringing order into Texts ［C］. Proceedings of Emprirical Methods in Natual Language Processing, Barcelona, Spain: Association for Computer Linguistics, 2004.

［141］ Nimala K, Jebakumar A. A robust user sentiment biterm topic mixture model based on user aggregation strategy to avoid data sparsity for short text ［J］. Journal of Medical Systems, 2019 (93).

［142］ Oliveira N, Cortez P, Areal N. Stock market sentiment lexicon acquisition using microblogging data and statistical measures ［J］. Decision Support Systems, 2016 (7).

［143］ Page L. The PageRank citation ranking: Bringing order to the web ［J］. Stanford Digital Libraries Working Thesis, 1998 (1).

［144］ Pang B, Lee L. Opinion mining and sentiment analysis ［J］. Foundations and Trends in Information Retrieval, 2008 (2).

［145］ P. Kalarani, et al. Sentiment analysis by POS and joint sentiment topic features using SVM and ANN ［J］. Soft Computing, 2019 (10).

［146］ Pu X, Jin R, Wu G, et al. Topic Modeling in Semantic Space with Keywords ［C］. Proceedings of the 24th ACM International on Conference on Information and Knowledge Management. New York, United States: ACM, 2015.

［147］ Raghavan U N, Albert R, Kumara S. Near linear time algorithm to detect community structures in large-scale networks ［J］. Physical review E, 2007 (3).

［148］ Rajadesingan A, Zafarani R, Liu H. Sarcasm detection on Twitter:

A behavioral modeling approach [C]. In: Proceedings of the 8th ACM international conference on web search and data mining. Shanghai, China: CM Press, 2015.

[149] Rajadesingan R, Zafarani H L. Sarcasm detection on Twitter: A behavioural modelling approach [C]. In: Proceedings of 15th ACM International Conference on Web Search Data Mining. New York, United States: Association for Computing Machinery, 2015.

[150] Silvio ABC, Wallace H L, Paula Carvalho MJS. Modelling context with user embeddings for sarcasm detection in social media [C]. ACL's Special Interest Group on Natural Language Learning. Berlin, Germany: Association for Computational Linguistics, 2016.

[151] Song M, Song I Y, Hu X. KPSpotter: A flexible information gain-based keyphrase extraction system [C]. Proceedings of the 5th ACM international workshop on Web information and data management, New York, United States: ACM, 2003.

[152] Soujanya Poria, et al. Fusing audio, visual and textual clues for sentiment analysis from multimodal content [J]. Neurocomputing, 2016 (13).

[153] Su Y J, Hu W C, Jiang J H, et al. A novel LMAEB-CNN model for Chinese microblog sentiment analysis [J]. The Journal of Supercomputing, 2020 (8).

[154] Thota A. Topic Sentiment Trend Detection and Prediction for Social Media [D]. Kansas: University of Missouri-Kansas City, 2020.

[155] T. L. Griffiths and M. Steyvers. Finding scientific topics [J]. Proceedings of the National Academy of Sciences, 2004 (9).

[156] T. P. Minka. Estimating a Dirichlet distribution [M]. Massachusetts: MIT, 2012.

[157] Tripathy A, Agrawal A, Rath S K. Classification of sentiment reviews using n-gram machine learning approach [J]. Expert Systems with Applications, 2016 (57).

[158] Turney, Pantel, et al. From frequency to meaning: Vector space models of semantics [J]. Journal of Artificial Intelligence Research, 2010 (1).

[159] Valdivia A, Martínez-Cámara E, Chaturvedi I, et al. What do peo-

ple think about this monument? Understanding negative reviews via deep learning, clustering and descriptive rules [J]. Journal of Ambient Intelligence and Humanized Computing, 2020 (11).

[160] Wang Z, Zhijian W, Ruimin W, Yafeng R. Twitter sarcasm detection exploiting a context based model [C]. In: Web information systems engineering – WISE Springer, Miami, FL, USA: Proceedings, 2015.

[161] Wang M, Wu H, Zhang T, et al. Identifying critical outbreak time window of controversial events based on sentiment analysis [J]. Plos one, 2020 (10).

[162] Wang G, Chi Y, Liu Y, et al. Studies on a multidimensional public opinion network model and its topic detection algorithm [J]. Information Processing & Management, 2019 (3).

[163] Weitzel L, Prati R C, Aguiar R F. The comprehension of figurative language: What is the influence of irony and sarcasm on NLP techniques? [C]. New York, USA: Springer, 2016.

[164] Wei-dong H, Qian W, Jie C. Tracing public opinion propagation and emotional evolution based on public emergencies in social networks [J]. International Journal of Computers Communications & Control, 2018 (1).

[165] Wei Shi, Hongwei Wang & Shaoyi He. EOSentiMiner: An opinion-aware system based on emotion ontology for sentiment analysis of Chinese online reviews [J]. Journal of Experimental & Theoretical Artificial Intelligence, 2015 (4).

[166] Wenbo Li, Tetsu Matsukawa, Hiroto Saigo. Context-aware latent dirichlet allocation for topic segmentation [J]. Advances in Knowledge Discovery and Data Mining, 2020 (5).

[167] Witten I H, Paynter G W, Frank E, et al. KEA: Practical automatic keyphrase extraction [J]. Igi Global, 2005 (3).

[168] Xiong T, Zhang P, Zhu H, Yang Y. Sarcasm detection with self-matching networks and low-rank bilinear pooling [C]. In: Proceeding of WWW'19, Raleigh North Carolina, USA: ACM, 2019.

[169] X. Wang, N. Mohanty, A. McCallum. Group and topic discovery from relations and text [C]. LinkKDD'05, Chicago, IL, USA: ACM, 2005.

[170] Y. He, C. Lin, W. Gao, K. F. Wong. Dynamic joint sentiment-topic model [J]. *TIST*, 2014 (9).

[171] Y. He, C. Lin, W. Gao, et al. Tracking sentiment and topic dynamics from social media [C]. ICWSM'12, Dublin, Ireland: AAAI, 2012.

[172] Yoon H G, Kim H, Kim C O, et al. Opinion polarity detection in Twitter data combining shrinkage regression and topic modeling [J]. Journal of Informetrics, 2016 (2).

[173] Yogesh Kumar, Nikita Goel. AI-Based learning techniques for sarcasm detection of social media Tweets: State-of-the-Art Survey [J]. SN Computer Science, 2020 (318).

[174] Yuemei Xu, Yang Li, Ye Liang, Lianqiao Cai. Topic-sentiment evolution over time: A manifold learning-based model for online news [J]. Journal of Intelligent Information Systems, 2020 (55).

[175] Yulan He, Chenghua Lin, Wei Gao, Kam-Fai Wong. Dynamic joint sentiment-topic model [J]. Acm Transactions on Intelligent Systems & Technology, 2014 (1).

[176] Zhang G, Xu L, Xue Y. Model and forecast stock market behavior integrating investor sentiment analysis and transaction data [J]. Cluster Computing, 2017 (1).

[177] Zhang M, Zheng R, Chen J, et al. Emotional component analysis and forecast public opinion on micro-blog posts based on maximum entropy model [J]. Cluster Computing, 2019 (3).